Übungsbuch Spanischhexe 2

Monika Stegmann

Übungsbuch

Spanischhexe 2

Bibliografische Information der Deutschen Nationalbibliothek.
Die Deutsche Nationalbibliothek verzeichnet diese Publikation in der Deutschen Nationalbibliografie; detaillierte bibliografische Daten sind im Internet über http://dnb.d-nb.de abrufbar.

© 2016 Monika Stegmann.
Herstellung und Verlag: BoD - Books on Demand, Norderstedt.

ISBN: 9783741210594

Inhaltsverzeichnis

Über dieses Buch S.7

Übungsaufgaben S.9

Übungen zum Futuro:
Nr. 1, 2, 3, 4, 5
Konjugationsübungen Indefinido:
Nr.6, 7, 8, 9, 10, 11, 12, 13, 28
Einsatz des Indefinido:
Nr. 14, 15, 16, 17, 18, 19, 20
Übungen zum Pluscuamperfecto:
Nr. 21, 22, 23
Verwendung von Pluscuamperfecto und Indefinido: Nr. 23
Konjugationsübungen Imperfecto:
Nr. 24, 25, 26, 27, 28, 37, 56
Welche Vergangenheitsform ist korrekt?
Nr. 29, 30, 31, 33, 34, 38, 49, 50, 57, 59, 63
tan, como, más, tanto...
Nr. 32, 44, 45
Übersetzungsübungen:
Nr. 35, 39, 40, 41, 45, 47, 48, 51, 58, 60, 61, 65, 67, 68, 70, 71, 72, 75, 77, 82

Zuordnung von Zeitangaben zur richtigen Vergangenheitsform: Nr. 36
Befehlsformen: Nr. 42, 43
mientras, durante: Nr. 46
acabar+de+inf.: Nr. 52
Adverbien: Nr. 53, 54
Ordnungszahlen: Nr. 55
Wetter: Nr. 62
Uhrzeiten: Nr. 64
Verkleinerungsformen: Nr. 66
por, para: Nr. 69
Behördenvokabular: Nr. 73
Personalpronomen: Nr. 74, 81
gustar: Nr. 75
desde, desde hace... : Nr. 76
mismo, misma... : Nr. 77
Superlativ (Steigerungsform): Nr. 80
quedar(se) : Nr. 82
Lösungsschlüssel zu den Übungen: S.109

Über dieses Buch

Das Übungsbuch Spanischhexe2 kann von **jedem fortgeschrittenen Spanischschüler vollkommen unabhängig** benutzt werden. Anhand des **Lösungsschlüssels** zu den Übungen wird eigenständiges Arbeiten mit Selbstkontrolle möglich.
Die grammatischen Themenbereiche sind jeweils am Anfang der Übung angegeben.

Ebenso einfach ist das Übungsbuch **begleitend zum Lehrbuch Spanischhexe2** einsetzbar. Hier verweisen die Kapitelangaben in Klammern auf das entsprechende Kapitel im Lehrbuch.

Ich bedanke mich bei allen Schülern, die die Übungen erprobt haben, und deren Hinweise mir immer hilfreich sind. Spezieller Dank geht an mein „Fehlerteufelchen" Elke.
Ausserdem danke ich meinem Mann für seine Unterstützung im gesamten Spanischhexenprojekt.

Ich hoffe, der Benutzer wird gern mit dem Buch arbeiten, denn:
Übung macht den Meister!

1- Futuro (Zukunft)
(etwa Kap. 25)
Konjugieren Sie folgende Verben im Futuro

llegar   **ir**

yo _____   _____

tu _____   _____

el _____   _____

nosotros _____   _____

vosotros _____   _____

ellos _____   _____

ser   **prohibir**

yo _____   _____

tu _____   _____

el _____   _____

nosotros _____   _____

vosotros _____   _____

ellos _____   _____

2- Futuro (Zukunft)
(etwa Kap. 25)
Konjugieren Sie folgende Verben im Futuro

tener   **salir**

yo _____   _____

tu _____   _____

el _____   _____

nosotros _____   _____

vosotros _____   _____

ellos _____   _____

decir   **poner**

yo _____   _____

tu _____   _____

el _____   _____

nosotros _____   _____

vosotros _____   _____

ellos _____   _____

3- Futuro (Zukunft)

(etwa Kap. 25)
Übersetzung:

1. Christine wird um 7:00 Uhr morgens aufstehen.
2. Sie wird sich um 7:10 Uhr duschen.
3. Sie wird um halb acht frühstücken.
4. Sie wird um zehn vor acht zur Arbeit gehen.
5. Sie wird von acht bis eins arbeiten.
6. Sie wird um zwei Uhr nachmittags etwas essen.
7. Sie wird um drei zum Supermarkt gehen.
8. Sie wird Monika um vier Uhr besuchen.
9. Die Mädchen werden bis halb sechs Sport machen (hacer ejercicio).
10. Um sechs wird Christine nach hause zurückkehren.
11. Um sieben Uhr wird Antonio kommen.
12. Um halb acht werden Christine und Antonio zu Abend essen.
13. Um acht werden die beiden gemeinsam ausgehen.

4- Futuro (Zukunft)
(etwa Kap. 25)

Formulieren Sie einige Hypothesen wie im Beispiel angeben:

Bsp: La linterna no funciona.-Ser por la pila.
→ Será por la pila.

1. Mi vecina no saluda.-No me haber visto
2. Antonio no ha comprado pan.-No hay
3. Antonio todavía no está. –Llegar más tarde
4. Christine va a pie. -No tener coche
5. Mi marido duerme. –Estar cansado
6. El cielo está gris.-Llover
7. La casa está a oscuros. –No hay nadie
8. La tienda está cerrada. –Ser día de fiesta
9. Antonio y Christine no van a la playa. –No tener ganas

5- Futuro (Zukunft)
Übersetzung:
(etwa Kap. 25)

Liebe Maria,

Wir haben uns schon lange nicht mehr gesehen.

Im nächsten Monat werde ich nach Deutschland reisen.

Dann werde ich dich besuchen können.

Ich werde an einem Freitag ankommen.

Ich werde dich zum Essen einladen und wir werden viel Zeit zum Plaudern haben.

Ich werde dir mein Leben auf La Palma beschreiben, und du wirst mir auch von den Neuigkeiten in deinem Leben erzählen.

Wir werden uns gut amüsieren.

Ich freue mich schon sehr, dich zu sehen.

Grüsse von deiner Freundin

Christine

6- Konjugieren Sie folgende Verben im Indefinido:

(etwa Kap. 26)

llevar　　　　　　　　　　**visitar**

yo _____　　　_____

tu _____　　　_____

el _____　　　_____

nosotros_____　　　_____

vosotros _____　　　_____

ellos _____　　　_____

insertar　　　　　　　　**informar**

yo _____　　　_____

tu _____　　　_____

el _____　　　_____

nosotros _____　　　_____

vosotros _____　　　_____

ellos _____　　　_____

7- Konjugieren Sie folgende Verben im Indefinido:
(etwa Kap. 26)

vender   **aprender**

yo _____   _____

tu _____   _____

el _____   _____

nosotros _____   _____

vosotros _____   _____

ellos _____   _____

entender   **volver**

yo _____   _____

tu _____   _____

el_____   _____

nosotros _____   _____

vosotros_____   _____

ellos _____   _____

8- Konjugieren Sie folgende Verben im Indefinido:
(etwa Kap. 26)

abrir　　　　　　　　　　**imprimir**

yo _____　　　_____

tu _____　　　_____

el _____　　　_____

nosotros _____　　　_____

vosotros _____　　　_____

ellos _____　　_____

distinguir　　　　　　　　**dirigirse**

yo _____　　　_____

tu _____　　　_____

el _____　　　_____

nosotros _____　　　_____

vosotros _____　　　_____

ellos _____　　_____

9- Konjugieren Sie folgende Verben im Indefinido:

(etwa Kap. 26)

probar   **llegar**

yo _____   _____

tu _____   _____

el _____   _____

nosotros _____ _____

vosotros _____ _____

ellos _____ _____

entregar   **pagar**

yo _____   _____

tu _____   _____

el _____   _____

nosotros _____ _____

vosotros _____ _____

ellos _____ _____

10- Konjugieren Sie folgende Verben im Indefinido:

(etwa Kap. 26)

ir   **ser**

yo _____   _____

tu _____   _____

el _____   _____

nosotros _____   _____

vosotros _____   _____

ellos _____   _____

tener   **estar**

yo _____   _____

tu _____   _____

el _____   _____

nosotros _____   _____

vosotros _____   _____

ellos _____   _____

11-Konjugieren Sie folgende Verben im Indefinido:
(etwa Kap. 26)

seguir **convertirse**

yo _____   _____

tu _____   _____

el _____   _____

nosotros _____   _____

vosotros _____   _____

ellos _____   _____

reír **sentir**

yo _____   _____

tu _____   _____

el _____   _____

nosotros _____   _____

vosotros_____   _____

ellos _____   _____

12- Konjugieren Sie folgende Verben im Indefinido:
(etwa Kap. 26)

leer **oir**

yo _____ _____

tu _____ _____

el _____ _____

nosotros _____ _____

vosotros _____ _____

ellos _____ _____

decir **conducir**

yo _____ _____

tu _____ _____

el _____ _____

nosotros _____ _____

vosotros _____ _____

ellos _____ _____

13- Für Spezialisten:
(etwa Kap. 26)
Geben Sie folgende Formen im Indefinido an:

1. morir (3.Pers.Sg.) _____
2. dormir (3.Pers.Pl.) _____
3. producir (2.Pers.Sg.) _____
4. convertirse (3.Pers.Sg.) _____
5. realizar (1.Pers.Sg.) _____
6. dirigirse (3.Pers. Pl.) _____
7. hacer (3.Pers.Sg.) _____
8. hacer (3.Pers.Pl.) _____
9. creer (3.Pers.Pl.) _____
10. pagar (1.Pers.Sg.) _____
11. caer (3.Pers.Sg.) _____
12. elegir (3.Pers.Pl.) _____
13. reír (3.Pers.Sg.) _____
14. pedir (3.Pers.Sg.) _____

14- Indefinido
(etwa Kap. 26)

Jetzt erzählen Sie anhand der Übung 3 in Spanisch, was Christine gestern gemacht hat:

Bsp:

1. Christine ist gestern um sieben Uhr morgens aufgestanden.

    → Ayer, a las......

15- Indefinido

(etwa Kap. 26)

Setzen Sie die richtige Form des Indefinido ein:

Christine (pasar)_____ una semana tranquila.

El lunes (ir)_____ al gimnasio. Después (ir)_____ a comprar fruta.

El martes (trabajar)_____ en el jardín.

Por la tarde (ir) _____ a la jardinería y (comprar) _____ algunas plantas nuevas.

El miércoles Christine y Antonio (ir) _____ al mar. (quedarse) _____ casi todo el día en la playa.

El jueves Christine (tener) _____que ir al aeropuerto para buscar a sus padres.

En el camino a casa todos (comer)_____ en un restaurante.

El viernes Christine (pasear)_____con sus padres por la ciudad.

16- Indefinido

(etwa Kap. 37)

Erzählen Sie anhand der Liste, was die Familie Schulz in ihrem Urlaub gemacht hat:

Los Schulz (ellos) :

1. llegar al aeropuerto
2. ser recogido por su hija
3. vivir en un apartamento bonito
4. comer en restaurantes
5. celebrar la navidad
6. conocer a Antonio
7. caminar mucho
8. hacer una excursión a la Caldera
9. solicitar un permiso de acampada
10. pernoctar en la Caldera
11. sacar muchas fotos
12. ir a la playa

17- Indefinido

(etwa Kap. 26)

Setzen Sie die richtige Form des Indefinido ein:

Así (pasar)_____ Christine y Antonio el fin de semana.

El viernes por la noche (salir)_____ a bailar.

El sábado por la mañana (ir) _____ de compras.

Por la tarde los dos (ver) _____ una película interesante en la tele.

Por la noche (encontrarse)_____ con amigos.

El domingo la pareja (despertarse) _____ tarde.

Los dos (desayunar)_____ tranquilamente.

Después (visitar) _____ el rastro de Argual.

Por la tarde (ir)_____ a la playa.

18- Indefinido
(etwa Kap. 28)
Setzen Sie die richtige Form des Indefinido ein:

Antonio hat den Tag in Teneriffa verbracht, und wollte mit dem letzten Flieger nach La Palma zurückkommen. Aber wegen schlechten Wetters startete das Flugzeug nicht...

Christine tuvo que dormir sola…
A la una de la noche Christine (despertarse)_____.
(escuchar)_____ un ruido raro.
(encender) _____ la luz.
Christine (levantarse) _____ y (ponerse) _____ la bata.
(abrir)_____ la puerta del dormitorio y (bajar)_____ la escalera.
(escuchar)_____ a la puerta y no (oir)_____ nada.
Por la ventana (ver) _____ su gato.
(dejar)_____ entrar el gato y los dos (subir)_____ la escalera.
Christine (quitarse)_____ la bata, (acostarse) _____ con el gato y (apagar)_____ la luz.
Los dos (dormirse) _____ enseguida.

19- Indefinido

(etwa Kap. 28)

Setzen Sie die korrekte Form des Indefinido ein:

1. Ayer Christine (levantarse)_____ a las seis.
2. Primero (caminar) _____ en la playa.
3. Después (desayunar)_____ y (ducharse)_____.
4. (Estudiar)_____ español durante dos horas.
5. A mediodía (encontrarse)_____ con Monika.
6. Las dos (charlar) _____ un buen rato.
7. Luego Christine (ir)_____ al supermercado.
8. Finalmente (volver)_____ a casa y (preparar)_____ la cena.
9. Por la noche Christine (salir)_____ con unos amigos.

20- Indefinido
(etwa Kap. 28)

Stellen Sie sich vor, sie wären Christine und wiederholen Sie die Sätze der letzten Übung in der Ich-Form.

21- Pluscuamperfecto
(etwa Kap. 28)

Wie sagt man in Spanisch mit dem Plusquamperfecto:

1. wir hatten geschlafen
2. er hatte gegessen
3. ihr wart angekommen
4. sie waren gegangen
5. ich hatte verdient
6. sie war aufgewacht
7. er war dort gewesen
8. du hattest gehabt
9. du hattest gegeben
10. sie hatten bezahlt
11. sie hatten geöffnet
12. ihr hattet gesagt
13. du hattest gestellt
14. ich war zuhause gewesen
15. sie war krank gewesen
16. wir waren aufgestanden
17. er war gestorben
18. ich war zurückgekommen

22- Pluscuamperfecto
(etwa Kap. 28)

Geben Sie die folgenden Formen im Pluscuamperfecto an:

1. abrir (1. Pers. Sg.)_____
2. comer (3. Pers. Pl.)_____
3. poner (2. Pers. Pl.)_____
4. divertirse (1. Pers. Pl.)_____
5. morir (3. Pers. Pl.)_____
6. poder (1. Pers. Sg.)_____
7. escribir (2. Pers. Sg.)_____
8. irse (3. Pers. Pl.)_____
9. levantarse (2. Pers. Sg.)_____
10. ver (1. Pers. Pl.)_____
11. romper (3. Pers. Sg.)_____
12. decir (2. Pers. Pl.)_____

23- Pluscuamperfecto, Indefinido

(etwa Kap. 28)
Übersetzung

1. Als Monika geboren wurde, waren ihre Grosseltern schon gestorben.

2. Als Christine ankam, war das Geschäft schon geschlossen.

3. Als wir Paris zum 2. Mal besuchten, hatte sich viel verändert.

4. Als die Freunde ins Haus kamen, hatten wir alles vorbereitet.

5. Als der Opa gestorben war, entdeckten wir seine Zeitschriften.

6. Als Antonio auf die Strasse hinausging, hatte es aufgehört zu regnen.

7. Als Antonio zuhause ankam, war Christine schon weg.

8. Sie assen alles, was sie mitgebracht hatten.

9. Als Pedro sich versteckte (esconderse), hatte ich ihn schon gesehen.

24- Imperfecto
(etwa Kap. 30)
Konjugieren Sie folgende Verben im Pretérito Imperfecto:

funcionar　　　　　　　　**meditar**

yo _____　　_____

tu _____　　_____

el _____　　_____

nosotros _____　　_____

vosotros _____　　_____

ellos _____　　_____

conjugar　　　　　　　　**tragar**

yo _____　　_____

tu _____　　_____

el _____　　_____

nosotros _____　　_____

vosotros _____　　_____

ellos _____　　_____

25- Imperfecto

(etwa Kap. 30)

Konjugieren Sie folgende Verben im Pretérito Imperfecto:

leer **meterse**

yo _____ _____

tu _____ _____

el _____ _____

nosotros _____ _____

vosotros _____ _____

ellos _____ _____

vender **volver**

yo _____ _____

tu _____ _____

el _____ _____

nosotros _____ _____

vosotros _____ _____

ellos _____ _____

26- Imperfecto
(etwa Kap. 30)
Konjugieren Sie folgende Verben im Pretérito Imperfecto:

dirigirse   **oír**

yo _____ _____

tu _____ _____

el _____ _____

nosotros _____ _____

vosotros _____ _____

ellos _____ _____

conducir   **reír**

yo _____ _____

tu _____ _____

el _____ _____

nosotros _____ _____

vosotros _____ _____

ellos _____ _____

27- Imperfecto

(etwa Kap. 30)

Konjugieren Sie folgende Verben im Pretérito Imperfecto:

ser **ir**

yo _____ _____

tu _____ _____

el _____ _____

nosotros _____ _____

vosotros _____ _____

ellos _____ _____

ver **traer**

yo _____ _____

tu _____ _____

el _____ _____

nosotros _____ _____

vosotros _____ _____

ellos _____ _____

28- Geben Sie die entsprechende Form im Indefinido und Imperfecto an:
(etwa Kap. 30)

		Indef.	Imperf.
Bsp	trabaja	trabajó	trabajaba

1. evita _____
2. dices _____
3. vamos _____
4. vemos _____
5. sé _____
6. es _____
7. estaís _____
8. tengo _____
9. me atrevo _____
10. vienen _____
11. conduzco _____
12. oye _____

13. piden _____

14. te decides_____

15. puedes_____

16. ponéis _____

17. introduce_____

18. hace _____

19. hay _____

20. sonrie _____

21. venís _____

22. brindamos_____

23. llego _____

24. aprendes_____

29- Setzen Sie die korrekte Vergangenheitsform:
(etwa Kap. 30)

Blancanieves

Blancanieves (nacer)_____en un castillo grande.
Su padre (ser)_____rey y Blancanieves (tener)_____ la educación de una princesa.

Su madre (morir)_____ pronto, y el rey (casarse)_____ de nuevo.

Las relaciones entre Blancanieves y la madrastra (ser)_____ malas.

Por eso Blancanieves (abandonar)_____ a la familia y buscó trabajo.

Durante unos meses (trabajar)_____ en casa de siete enanos como criada, donde (sobrevivir)_____ varios atentados.

Luego (cambiar)_____ el empleo y (trabajar)_____ en casa del príncipe del país vecindario como reina.

30- Setzen Sie die korrekte Vergangenheitsform:

(etwa Kap. 30)

El lobo

El lobo (nacer)_____ en el bosque.

(Crecer)_____ con muchos hermanos.

Su madre les (enseñar) _____ a cazar y juntos (vivir)_____ una vida tranquila.

Su único enemigo (ser)_____ el cazador. Él (matar)_____ uno tras otro y así nuestro lobo (convertirse)_____ en un lobo muy solitario.

(aburrirse)_____ mucho y cada día (vagar)_____por el bosque.

Allí un día (encontrarse)_____ con Caperucita Roja.
(hablar)_____ con ella y enseguida (reconocer)_____la oportunidad de hacerse famoso.
(ir)_____ a casa de la abuela de Caperucita Roja para tragarla, y luego también (comer)_____ a Caperucita.

31- Setzen Sie die korrekte Vergangenheitsform:

(etwa Kap. 30)

Antonio:

Antonio (nacer)_____ en La Palma, en Garafía.

(crecer)_____ en el campo,
(ir)_____ al colegio de Puntagorda, donde (terminar)_____ el bachillerato.

Después (mudarse)_____ al Valle Aridane porque allí (haber)_____ más empleo.

(encontrar)_____ un trabajo en la construcción y más tarde (trabajar)_____ en una ferretería.

Cada día (ir)_____ al gimnasio.

Allí (conocer)_____ a Monika.

Monika le (invitar)_____ a una cena

en la que (conocer)_____ a Christine.

Los dos (enamorarse)_____.

32- tan, como, más, tanto, etc …

(etwa Kap. 30)

Übersetzung

1. Dieser Film war nicht so unterhaltsam wie der andere.

2. Das ist nicht wahr, dieser Film ist besser als der andere.

3. Dieser Film war genau so unterhaltsam wie der andere.

4. Juan ist schlauer als seine Brüder.

5. Das Wetter war nicht so schlecht wie das Jahr zuvor.

6. Mir scheint, dass es letztes Jahr mehr geregnet hat.

7. Bis jetzt hat es nicht so viel geregnet.

8. Monika arbeitete so viel wie Christine.

9. Ana ist so ein hübsches Mädchen...

10. Sie ist ebenso hüsch wie ihre Schwester.

33- Imperfecto oder Indefinido?
(etwa Kap. 29)
Personenbeschreibungen

a) ¿Cómo (ser)_____ la abuela cuando la (conocer, tu)_____?

(ser)_____ una chica joven. (ser)_____ muy guapa, (tener)_____ el pelo rubio y (llevar)_____ cola de caballo.
(ser)_____ alta y delgada, muy deportiva.

b) ¿Cómo (ser)_____ el abuelo cuando le (conocer,tu)_____?

(ser)_____ un jovencito alto y moreno. No (llevar)_____ bigote como hoy.
(tener)_____ los ojos inteligentes y (estar)_____ muy bien entrenado.

c) ¿Cómo (ser)_____ la bruja de español cuando (ser)_____ joven?

(ser)_____ una brujita muy inteligente. (llevar)_____ gafas y (tener)_____ el pelo largo. (ser)_____ bajita, un poco pálida y (aprender)_____ fácilmente.

d) ¿Cómo (ser)_____ el tío?

Mi tío (ser)_____ un hombre bajito.
(ser)_____ gordo.
(ser)_____ calvo.(llevar)_____ barba y (fumar)_____ puros.
(tener)_____ los ojos oscuros y llevaba gafas.

e) ¿Cómo (ser)_____ la tía?

La tía (tener)_____ el pelo entrecano (graumeliert).
(ser)_____ bajita y (pesar)_____ poco.
Pero (tener)_____ los ojos brillantes.
(ser)_____ una persona bastante agradable.
Siempre (hablar)_____ mucho.

f) ¿Cómo (ser)_____ tu madre?

Mi madre (ser)_____ bajita y rubia.
(ser)_____ una mujer bondadosa.
También (ser)_____ simpática.
(llevar)_____ el pelo corto.

g) ¿Cómo (ser)_____ tu padre?

Mi padre (ser)_____ un hombre de media estatura.
(tener)_____ los ojos azules.
(ser)_____ muy callado, pero enérgico.
Le (gustar)_____ los perros y le (gustar)_____ trabajar en su jardín.

34- Indefinido oder Imperfecto?
(etwa Kap.30)
Setzen Sie die korrekten Verbformen ein:

El cazador de ratas de Hamelín

Una vez en la ciudad de Hamelín
(haber)_____ una plaga de ratas.

Los habitantes (intentar)_____ todo pero no (poder)_____ acabar con ellas.

Incluso los gatos (huir)_____ asustados.
El ayuntamiento (prometer)_____ una recompensa enorme por un remedio contra las ratas.
Un día un flautista (aparecer)_____ en la ciudad y (ofrecer)_____ ahuyentar a las ratas.

(pasear)_____ por las calles tocando la flauta y como el sonido de flauta (ser)_____ tan maravilloso, las ratas (salir)_____de todas partes para seguirle.

Así el flautista (guiar)_____ las ratas a un río donde (ahogarse)_____

Pero el ayuntamiento no (querer)_____ pagarle la recompensa al flautista y (decir)_____ que tocar la flauta no (valer)_____ tanto dinero.

El flautista (enfurecerse)_____ mucho porque los habitantes no (querer)_____ pagar sus deudas y para vengarse (pasear)_____ otra vez por las calles de la ciudad tocando la flauta.

Pero esta vez le (seguir)_____ todos los niños de la ciudad y los padres no (poder)_____ hacer nada para evitarlo.

35- Übersetzung:

(etwa Kap. 30)

Auf dem Mandelblütenfest
(fiesta de almendros en flor)

Letztes Wochenende war ich auf dem Mandelblütenfest in Puntagorda.
Es gab laute Musik und viel Wein.
Die Folkloregruppen zeigten ihre Tänze.
In der Menge (la muchedumbre) verlor ich meine Frau.
Später erschien mir alles etwas nebulös.
Es scheint, dass ich in der Bar war, und versuchte, Guitarre zu spielen, obwohl ich es nicht kann.
Man warf mich aus der Bar.
Auf dem Heimweg warf ich meine Schuhe über eine Mauer.
Unglücklicher Weise gab es auf der anderen Seite der Mauer einen Hund.
Als ich das merkte, hatte er mich schon gebissen.
Als ich nach hause kam, war meine Frau noch nicht da.
Als sie ankam, wusste sie auch nicht mehr, wo sie gewesen war.

36- Welche Vergangenheit passt zu den folgenden Ausdrücken?

(etwa Kap. 30)

1. el año pasado   _____
2. esta tarde   _____
3. una y otra vez   _____
4. la noche anterior   _____
5. ayer   _____
6. anteayer   _____
7. en marzo   _____
8. regularmente   _____
9. en 2015   _____
10. hoy   _____
11. hasta entonces   _____
12. siempre   _____
13. el mes pasado   _____
14. este mes   _____
15. hasta ahora   _____
16. ya   _____
17. todavía   _____
18. el sábado   _____
19. el fin de semana   _____
20. mientras   _____

37- Welches sind die drei unregelmässigen Verben des Pretérito Imperfecto, und wie werden sie konjugiert?
(etwa Kap. 30)

38- Indefinido oder Imperfecto?
(etwa Kap. 30)

Setzen Sie die korrekten Verbformen ein:

La Cenicienta

(haber)_____ una vez una chica bella.
Sus padres (morir)_____. Por eso vivía con su madrastra que además
(tener)_____ dos hijas propias que
(ser)_____ presumidas pero feas.
La chica (tener)_____ que hacer todo el trabajo en la casa y por la noche
(dormir)_____ al lado del horno. Por eso la
(llamar)_____ Cenicienta.
El príncipe del reino (buscar)_____ una novia. Por eso (dar)_____ una fiesta a la que (invitar)_____ a todas las chicas del país.
Las dos hermanastras (alegrarse)_____ mucho, pero Cenicienta no (poder)_____ ir al baile porque le (faltar)_____un vestido adecuado.
Cenicienta (ir)_____ a la tumba de su madre donde (llorar)_____ amargamente.
De repente (aparecer)_____ un hada.

El hada le (dar)_____ un vestido maravilloso pero Cenicienta (tener)_____ que prometer que (ir)_____ a regresar a las doce de la fiesta.
Cenicienta (ir)_____ al baile y (pasar)_____ una noche fantástica ya que el príncipe (enamorarse)_____ enseguida de ella.
Casi no se (dar)_____ cuenta de la hora y a medianoche la chica (tener)_____ que huir del palacio. En la huída (perder)_____ un zapato.
El príncipe (intentar)_____ todo para encontrar a la chica tan bella. Sus sirvientes (buscar)_____ por todo el reino a la chica que (poder)_____ llevar ese zapato tan fino. Las hermanastras de Cenicienta (intentar)_____ amputarse los dedos de los pies para poder llevar el zapato, pero no les (servir)_____.
Finalmente Cenicienta (probar)_____ el zapato y como le (ir)_____ bien el príncipe la (reconocer)_____ y (casarse)_____ con ella.
Así Cenicienta (convertirse)_____ en reina del país.

39- Übersetzung Imperf./ Indef.

(etwa Kap. 30)

Es war ein herrlicher Tag.
Monika beschloss in die Stadt zu fahren, um ein Radio zu kaufen.
Sie präparierte ihre Handtasche, nahm Geld mit, und stieg ins Auto.
Sie parkte am Kino, weil sie fand, daß die Tiefgarage zu teuer war.
Am Kino waren schon viele Autos, aber sie fand noch eine Lücke.
Sie ging zum Elektronikgeschäft.
Unterwegs traf sie ihre Freundin, die sehr elegant angezogen war.
„Hallo, wir haben uns ja schon lange nicht mehr gesehen. Du siehst gut aus."
„Du auch. Wie wäre es, wenn wir am Samstag zusammen in die Disco gehen?"
„Eine exzellente Idee! Ruf mich an, im Moment habe ich es eilig..."
Monika ging weiter zum Elektonikladen.
Sie ging hinein.
Dort gab es viele verschiedene Radios.
Sie wählte eins aus und bezahlte es mit Karte.
Danach wollte sie einen Kaffee trinken.
Aber in der Bar waren zu viele Leute und deshalb kehrte sie nach Hause zurück.

40- Übersetzung:

(etwa Kap. 30)

1. Silvia lernt Spanisch. Sie ist Anfänger.
2. Sie kann noch nicht viel Spanisch sprechen.
3. Sie ist gerade dabei, von Deutschland nach Spanien umzuziehen.
4. Sie hat ein Häuschen mit Garten.
5. Wie sieht es aus?- Es sieht gut aus.
6. Es hat ein Erdgeschoss, ersten Stock und eine Dachterrasse.
7. Sie war die ganze Woche beschäftigt.
8. Am Vormittag hat sie gearbeitet, am Nachmittag hat sie Spanisch gelernt.
9. Sie kam letztes Jahr an.-Ich erinnere mich nicht an das genaue Datum.
10. Im Flugzeug sass sie am Fenster.
11. Es handelt sich um ein schwieriges Problem.
12. Sie möchte es niemandem erzählen.
13. Gerade eben hat sie das Telefon aufgelegt.
14. Ana ist auch gerade dabei, nach La Palma zu ziehen.
15. Die Frauen kennen sich untereinander nicht.

41- Übersetzung:

(etwa Kap. 35)

Das Auto von Christine

Christine hat sich immer das Auto von Antonio geborgt.
Eines Tages dachte sie, dass es Zeit wäre, sich ein eigenes Auto zu kaufen.
Aber sie wusste nicht, wie das in Spanien funktioniert.
Deshalb fragte sie ihre Freundin Monika.
Monika erklärte ihr, dass sie zunächst ein Auto suchen musste, dann eine Versicherung brauchte, und schließlich sagte sie ihr wie man ein Auto ummeldet.
Als erstes suchte Christine ein gebrauchtes Auto.
Sie ging in alle Geschäfte und suchte auch in der Zeitung.
Man erklärte ihr viele Dinge bei der Versicherungsagentur.
Dort schloss Christine eine Versicherung ab, als sie ein passendes Auto gefunden hatte.

Sie machte die Ummeldung über eine Gestoría.
Sie musste ihren Führerschein umtauschen. Deshalb ging sie zunächst zu einem Psychotechniker, wo sie einen Sehtest machte , und mit dem entsprechenden (correspondiente) Papier begab sie sich zum Strassenverkehrsamt.
Ausserdem brauchte sie den Fahrzeugschein und noch einen Haufen Papiere mehr.
Endlich war alles erledigt!
Kurz darauf musste Christine mit dem Auto zum TÜV.
Zuvor hatte sie das ganze Autovokabular gelernt.
Christine bestand den TÜV genauso wie das Auto.
Sie war sehr stolz, und schliesslich holte sie ihre Eltern mit ihrem eigenen Auto vom Flughafen ab.

42- Verflixte Befehlsformen (gesiezt, Sg.)
(etwa Kap. 34)

Wie sagt man auf Spanisch:

1. Halten Sie an!
2. Stehen Sie auf!
3. Probieren Sie es!
4. Beruhigen Sie sich!
5. Amüsieren Sie sich!
6. Hören Sie mir zu!
7. Beeilen Sie sich!
8. Legen Sie sich hin!
9. Setzen Sie sich!
10. Bestellen Sie sich...!
11. Kaufen Sie sich...!
12. Drehen Sie sich um!

43- Verflixte Befehlsformen (geduzt)
(etwa Kap. 34)

Nun nehmen Sie die Befehle aus der letzten Übung (Nr 42) und geben Sie die spanische Befehlsform geduzt an!

44- tan /tanto /así
(etwa Kap. 30)

1. María habla mucho. Pero no habla_____ como Eva.
2. _____ es la vida….
3. Enrique es muy alto. Es _____ alto como su padre.
4. Hay _____ cosas que no entiendo.
5. La Palma me gusta mucho. Es _____ bonito….
6. Ha cometido un error. Pero no es para _____.
7. ¿Cuánto es? _____ es.
8. Ayer dormí hasta las _____.
9. ¿Cómo se hace esto? _____ .
10. Este trabajo no me gusta. No quiero vivir ____.
11. Tenemos _____ coches como vosotros.
12. No hay solución. El problema es _____ difícil.
13. Era una noticia ___ mala que empezó a llorar.

45- tan, como, más, tanto, etc…

(etwa Kap. 30)

Übersetzung:

1. Dieser Film ist nicht so unterhaltsam wie der andere.

2. Das stimmt nicht. Dieser Film ist besser als der andere.

3. Dieser Film ist genau so unterhaltsam wie der andere.

4. Juan ist schlauer als seine Geschwister.

5. Das Wetter ist so schlecht wie letztes Jahr.

6. Mir scheint, dass es letztes Jahr mehr geregnet hat..

7. Bis jetzt hat es nicht so viel geregnet.

8. Monika arbeitet so viel wie Christine.

9. Ana ist so ein hübsches Mädchen…

10. Sie ist so hübsch wie ihre Schwester.

46- mientras / durante
(etwa Kap. 30)

1. _____ muchos años Julio trabajaba para un banco.

2. _____ trabajaba, desayunaba cada día en un bar.

3. _____ tanto sus hijos crecían.

4. _____ los hijos iban al colegio su madre trabajaba.

5. _____ aquella temporada Julio y su mujer trabajaban mucho.

6. _____ los últimos años vivían en un ritmo más tranquilo.

7. El vampiro dormía _____ el día y por la noche vagaba por las calles de la ciudad.

8. _____ paseaba por las calles se encontró con un gato.

9. _____ tanto la mayoría de los habitantes de la ciudad dormía.

47- Übersetzung:

(etwa Kap. 26)

Das machte Julio im Laufe der letzten Woche:

1. Er mähte den Rasen.
2. Er pflanzte einen Baum.
3. Er putzte das Auto.
4. Er strich die Tür.
5. Er ging in den Supermarkt.
6. Er ging ins Kino.
7. Er telefonierte mit der Bank.
8. Er traf sich mit Freunden.
9. Er ging zum Carneval.
10. Er plante den Urlaub.
11. Er ging zum Arzt.

48- Übersetzung:
(etwa Kap. 29)

Das machte Julio täglich:

1. Er stand um sieben Uhr auf.

2. Er putzte sich die Zähne.

3. Er rasierte sich.

4. Er trank Café.

5. Er ging zur Arbeit.

6. Er arbeitete bis Mittag.

7. Er ging in eine Bar zum Mittagessen.

8. Er kam um 19:00 Uhr nach hause.

9. Er lernte Englisch.

10. Er guckte Fernsehen.

11. Er ging um 23:00 Uhr ins Bett.

49- Indefinido oder Imperfecto?

(etwa Kap. 30)

Robo en un supermercado:

La noche pasada (haber)_____ un robo en el supermercado a la vuelta de la esquina.

Los ladrones (entrar)_____ por la puerta de servicio.

El supermercado (estar)_____ vacío, por lo que los ladrones (tener)_____ mucho tiempo para abrir la caja fuerte a la fuerza.

Una empleada (notar)_____el robo al día siguiente a las 8h de la mañana.

El encargado del supermercado (comentar)_____ el robo en la prensa local.

-Normalmente existen más medidas de seguridad, pero los ladrones (aprovechar)_____ un momento en el que la videovigilancia (estar)_____ averiada.

50- Indefinido oder Imperfecto?
(etwa Kap. 30)

1. Mientras estudiábamos (vivir)_____ en Madrid.

2. Mientras vivíamos en Madrid (ir)_____ en metro.

3. Mientras Antonio tomaba su cerveza (sonar)_____ su móvil.

4. Mientras íbamos a la playa, nuestro coche (romperse)_____.

5. Mientras cenábamos (mirar)_____ la tele.

6. Mientras cantaba se le (ir)_____ la voz.

7. Mientras tomaba el sol (mirar)_____ el mar.

8. Mientras paseaba con el perro (pisar)_____ las heces de otro perro.

9. Mientras trabajaba (romperse)_____ el brazo.

10. Mientras miraba por la ventana (entrar)_____ el jefe.

51- "werden"

(etwa Kap. 30)

Übersetzung:

1. Letzte Woche wurde Christine krank.
2. Ich werde bald zurückkommen.
3. Monika wollte Künstlerin werden.
4. Sie ist Spanischlehrerin geworden.
5. Es ist schön geworden.
6. Wie alt bist du letzte Woche geworden?
7. Bist du verrückt geworden?
8. Alle wollen alt werden. Niemand will alt sein.
9. Als er die Nachricht hörte wurde er blass.
10. Juan ist Buddhist geworden.
11. Ana wurde sehr traurig.

52- acabar +de + Grundform = gerade eben

(etwa Kap. 31)

Übersetzung:

1. Ich habe gerade mit ihm telefoniert.
2. Hast du gerade eben geduscht?
3. Sie ist soeben nach hause gekommen.
4. Monika hat gerade ein Haus gekauft.
5. Ich habe gerade nach dem Preis gefragt.
6. Wir haben gerade gegessen.
7. Ihr habt gerade Fernsehen geguckt.
8. Sie haben gerade gespielt.
9. Ich habe gerade ein Bier getrunken.
10. Wir haben gerade eine Reise gemacht.
11. Ihr seid gerade auf La Palma angekommen.
12. Er hat sich gerade ein neues Auto gekauft.
13. Wir sind gerade aus dem Kino gekommen.
14. Ich habe das Buch gerade gelesen.
15. Wir haben gerade den Unterricht beendet.
16. Ich habe gerade Spanisch gelernt.

53- Adverbien
(etwa Kap. 32)

Wie heisst das Adverb zu:

1. sorprendente _____
2. lento _____
3. absoluto _____
4. final _____
5. instintivo _____
6. fácil _____
7. práctico _____
8. relativo _____
9. irónico _____
10. directo _____

54- Adverb oder Adjektiv?

(etwa Kap. 32)

Übersetzung

1. Jaime hat ein schnelles Auto.
2. Er reagiert schnell.
3. Jaime hat eine gute Arbeit.
4. Er arbeitet auch gut.
5. Die Schuhe sind sehr bequem.
6. Man kann bequem in ihnen gehen.
7. Christine lächelte glücklich.
8. Christines Lächeln war glücklich.
9. Sie gingen immer schnell.
10. Die Katze drehte sich faul von einer Seite auf die andere.
11. Er trank in aller Ruhe seinen Café.
12. Christine redete andauernd.
13. Die spanische Sprache ist einfach.
14. Man öffnet den Deckel einfach.
15. Das passiert oft.

55- Setzen Sie die passenden Vergangenheitsformen und die fehlenden Ordnungszahlen ein:
(etwa Kap.33)

Enrique VIII (8.)_____, rey de Inglaterra (ser) ____ conocido por casarse varias veces.

Su (1.) _____ esposa (ser) _____Catalina de Aragón.

Enrique (cambiar) _____ la ley para divorciarse de ella.

Su (2.)_____ esposa (ser) _____ Ana Bolena, que (1.)_____ (ser) _____ dama de compañía de Catalina de Aragón.

Enrique la (acusar) _____ por adulterio (Ehebruch), y la (decapitar (köpfen), ellos) _____.

Después Enrique (casarse) _____ con su (3.)_____ esposa, Juana Seymour, que anteriormente (ser) _____ dama de compañía de Ana Bolena.

Los dos (tener) _____ un hijo, Eduardo VI (6.)_____ de Inglaterra.

Juana (morir)_____ en el parto.

Enrique VIII (8.)_____ (casarse) _____ por (4.)_____ vez con Ana de Cléveris.

El matrimonio (durar) _____ solamente seis meses.

Catalina Howard (ser) _____ la (5.)_____ esposa de Enrique. (ser)_____ prima de Ana Bolena.

(anular, ellos)_____ el matrimonio y (decapitar, ellos)_____ a Catalina.

Finalmente, Enrique (casarse)_____ con su última, la (6.)_____esposa, Catalina Parr.

Catalina Parr (ser) _____ la única esposa, que le (sobrevivir) _____.

Ella (casarse) _____ en total cuatro veces. Enrique VIII (8) _____ (ser) _____ su (3.)_____ marido.

56- Setzen Sie die richtigen Verbformen des Imperfecto ein:
(etwa Kap. 29)

Mami (estar)_____ sentada sola a la sombra de los laureles en una de las mesas que (haber)_____ delante del bar en la plaza. El calor del mediodía (ser)_____ terrible. Una patrulla de la policía (estar)_____paseando. Los dos (sudar)_____en sus uniformes y se (notar)_____que ellos también querían sentarse en la sombra. Mami (observar)_____ a la gente de la plaza. (haber)_____ muchos turistas deambulando, la mayoría con las pintas tan típicas de ellos; Pantalones cortos, calcetines estirados, y muchos (tener)_____ los rostros muy rojos.
El sol de las Islas Canarias (ser)_____ demasiado fuerte para los pálidos habitantes del norte de Europa.
Cerca de ella (haber)_____ un grupo de señoras de edad avanzada que (llevar)_____ pesados collares de oro y (emitir)_____ el sonido de una batería de gallinas dispuestas a poner huevos.

57-Indefinido, Imperfecto oder Plusquamperfecto?

(etwa Kap. 33)

Setzen Sie die richtigen Verbformen ein:

-Perdóname, Señora…Mami (levantar) _____ la vista y (parpadear) _____.
Se (sorprender) _____ ya que le (hablar) _____ en alemán. La voz (ser) _____ muy agradable y (tener) _____ un acento italiano. El hombre (ser) _____ muy alto y delgado. (estar) _____ bien vestido y (tener) _____ una cara muy atractiva. (quitarse) _____ las gafas de sol y (guiñar) _____ con sus ojos de color avellana. (desprender) _____ el aroma de un aftershave lujoso y con una mirada rápida, Mami (averiguar) _____ que sus pantalones eran tan ajustados a su cadera que le (entrar) _____ pánico. Su respiración se (acelerar) _____ notablemente.

-Ehem, sí- (decir)_____.
Mami (preguntarse)_____ porque (saltar)_____ la norma número uno : ¡Nunca salir sin maquillaje!
-¿Me permite que me siente aquí?,- (preguntar)_____.
-Sí, con mucho gusto.
Mami casi no (reconocer)_____ su propia voz.
-No (quedar)_____ ninguna mesa libre- (empezar)_____ la conversación.- Para ser sincero, (querer)_____ conocerle.- (seguir)_____ en un tono excitante.
El camarero (servir)_____ el café de Mami y el hombre (decir)_____: -Yo también quisiera un café como la señora. Con una sonrisa (volverse)_____ a ella. –A propósito, me llamo Giovanni.
Aja. Giovanni. Giovanni Semidiós.
Mientras (seguir)_____ hablando, Mami (sentir)_____ como su corazón (latir)_____.

Le (costar)_____ pensar en ese estado de anestesia, y así (limitarse)_____ a escuchar mientras (jugar)_____ nerviosamente con su café.
-Sabe- (concluir)_____ el semidiós, devorándola con sus ojos.-La vida no es tan fácil para un hombre soltero como yo.

¡Yo soy la mujer perfecta para ti! (gritar)_____ la voz interna de Mami. Pero un nudo en la garganta se lo (impedir)_____ y por sus labios (salir)_____ sólo un ridículo: -Sí, es verdad.
Giovanni Semidiós (sacar)_____ una pequeña libreta del bolso de su chaqueta y (armarse)_____ con un bolígrafo.
–¿Me da su nombre y número de teléfono? ¿Me permite que le llame?
¡Sí que lo (permitir)_____!

Mami le (lanzar)_____ otra mirada ansiosa, (enrojecer)_____ una vez más y (toser)_____.
-María Michaela.- (suspirar)_____ felizmente.
Le (estar)_____ dando el número de su móvil cuando de repente alguien le (tocar)_____ el hombro.
(darse)_____ la vuelta y e (hacer)_____ una mueca.
¿A quién le (gustar)_____ la interrupción de una cita con un semidiós?
(ser)_____ su hijo.

58- Übersetzung:

(etwa Kap. 32)

Mami strahlte (resplandecer) wie die Sonne.
Giovanni hatte sie angerufen, um sich mit ihr zu treffen.
Sie hatten verabredet, sich am Eingang des Flohmarktes zu treffen.
Mami wartete dort und betrachtete die Berge.
„Ist es nicht wunderschön?"
Mami erschrak.
Er war einfach da und lächelte sie an.
Sein Blick war hell und freundlich.
Sie träumte bereits von einer Zukunft mit ihm.
Mami hatte sich für die Gelegenheit schick gemacht (arreglado).
Gemeinsam spazierten sie an den Ständen vorbei, die einen Haufen unnützes Zeug anboten.
Sie sprachen auch mit einer Freundin von Mami, die Simone hiess.
Nach ihrem Spaziergang entschieden die beiden, zum Mirador del Time zu fahren, um dort zu essen und den Ausblick zu geniessen.

59- Imperfecto, Indefinido, Pluscuamperfecto, Futuro

(etwa Kap. 32)

Setzen Sie die passende Form ein:

Sara (pasear)_____ por el rastro.
(Estar)_____ enfadada porque su novio Leonardo no (tener)_____tiempo para ella. Ahora Sara (querer)_____ visitar a su amiga Simone, que (vender)_____ libros en el rastro.
Simone (abrir)_____ sus brazos con una sonrisa.
-Acabo de pensar en ti. -¿En mí?- (preguntar)_____ Sara.
Simone le (susurrar)_____ en tono conspirador:
-Parece que a todo el mundo le gustan los amantes italianos. Imagínate: ahora Mami también tiene uno…
(estar)_____ aquí con él hace una hora.
-¿De veras?- (decir)_____ Sara suspicaz.-¿Mami y un italiano? ¿Cómo se llama?

-Giovanni.
Por un momento Sara (sentir)_____ alivio, pero entonces (preguntar)_____:
- ¿(tener)_____un metro ochenta de altura, pelo blanco y una cara muy bronceada, y (llevar)_____ bigote?
-Exactamente. ¿Le conoces? Y dime ¿cuándo me presentarás tu superman?
-¡Qué cabrón!-
Sara (marearse)_____.
(tener)_____ razón con la sospecha de que Leonardo (ir)_____ a buscar flores en otra parte.
-¡Felicidades, tonta vieja!- se (felicitar)_____ a sí misma.
Simone la (mirar)_____ con asombro.
-¿Quién es un cabrón? ¿El italiano?
-Sí- (responder)_____ Sara.
(respirar)_____ profundamente y (explicar)_____ a Simone que Giovanni probablemente (llamarse)_____ Leonardo y que ese hombre (fingir)_____ el gran amor por ella.

Simone (contar)_____ que los dos (decir)_____ que (querer)_____ ir al Time para almorzar.
Sara (dar)_____ las gracias a Simone,(dirigirse)_____ a su coche y (arrancar)_____ el motor.
(tomar)_____ la carretera hacia el Time.

60- Vokabular und Übersetzungsprobleme
(etwa Kap. 40)

Wie sagt man auf Spanisch:

1. Das hat nichts damit zu tun.
2. Gestern habe ich einen Fehler gemacht.
3. Monika gibt Spanischunterricht.
4. Ich möchte einen Termin haben.
5. Ich möchte einen Termin vereinbaren.
6. Das Essen sieht gut aus.
7. Ja, du hast Recht.
8. Ich hatte Lust, ins Kino zu gehen.
9. Letzte Woche haben die Jungs einen Scherz mit Christine gemacht.
10. Christine hat es nicht gemerkt.
11. Christine vermisst ihre Familie in Deutschland.
12. Ich war so müde, daβ ich einen Mittagsschlaf machte.
13. Das ist Teil des Programms.

61- Welche Vergangenheit wird gebraucht?
(etwa Kap. 33**)**

Übersetzung:

1. Christine arbeitete jeden Tag hier.
2. Christine arbeitete hier bis 2015.
3. Bis jetzt hat sie hier gearbeitet.
4. Gerade eben hat sie hier gearbeitet.
5. Antonio und Christine spielten jede Woche Schach.
6. Antonio und Christine spielten Schach (jugar al ajedrez), als Monika hereinkam.
7. Am Freitag spielten Antonio und Christine Schach.
8. Während sie Schach spielten, schlief die Katze unter dem Tisch.
9. Der Lehrer sprach so undeutlich (pronunciar mal), daβ ich nie verstanden habe, was er sagte.
10. Entschuldigung.- Was sagtest du?
11. Ich sagte, daβ ich keine Ahnung hatte, wie das funktioniert.

12. José kam um 15:00 Uhr.
13. José kam zu spät.
14. José kam regelmässig zu spät.
15. José kam immer pünktlich, aber an diesem Tag kam er zu spät.
16. Als José ankam, war es schon spät.
17. Es gibt ein Problem.
18. Es gab immer Probleme.
19. An diesem Tag gab es ein Problem.
20. Christine und Antonio frühstückten immer zusammen.
21. Am Sonntag frühstückten Christine und Antonio zusammen.
22. Ich wollte mit Christine und Antonio frühstücken, aber dann rief meine Freundin an.
23. Christine und Antonio haben bis jetzt gefrühstückt.
24. Christine und Antonio haben gerade eben gefrühstückt.
25. Christine und Antonio sind gerade dabei zu frühstücken.
26. Christine und Antonio frühstückten zusammen, als das Telefon klingelte.

62- Und immer wieder das Wetter

(etwa Kap. 33)

Übersetzung:

Im letzten Jahr war schönes Wetter.
Es war warm, aber wir hatten keinen Kalima.
Es hat auch nicht viel geregnet.

Dieses Jahr hat es noch nicht viel geregnet,
aber bis jetzt war es sehr windig.
Die Luft ist auch immer noch kalt.
Im Februar hat es sogar auf den Bergen geschneit.
Da waren die Nächte sehr kalt.

Früher regnete es mehr.
Aber es hat immer Jahre mit wenig Regen gegeben.

Gestern früh schien die Sonne, doch dann bedeckten Wolken den Himmel und es war wieder kalt.
Am Abend kam die Sonne dann wieder heraus, und so hatten wir einen sehr schönen Sonnenuntergang (la puesta del sol).

63- Christine und Antonio machen Ferien in Andalusien
(etwa Kap. 37)

Setzen Sie den Text in die Vergangenheit:

A Christine siempre le han gustado los caballos.
Por eso Christine y Antonio van juntos a Andalucía para pasar algunos días allí.
Quieren hacer vacaciones hípicas.
Van en avión a Madrid y después a Málaga.
Viven en una casa romántica.
Alquilan unos caballos maravillosos y con ellos hacen algunas excursiones fantásticas.
Disfrutan del paisaje y de los caballos.
Hace mucho sol, pero también hace viento.
Un día visitan Sevilla.
Miran los palacios y la Giralda y visitan también la Real Escuela Del Arte Ecuestre.(Königliche Hofreitschule).
Una semana más tarde los dos vuelven a La Palma.

64- Uhrzeiten

(etwa Kap.30)

Übersetzung:

1. Um welche Zeit kam der Bus?
2. Wie spät war es, als du nach hause gekommen bist?
3. Wie spät wird es jetzt sein?
4. Es wird so 14:00 Uhr nachmittags sein.
5. Es war 15:30 Uhr als Julio nach hause kam.
6. Sie beendeten die Sitzung um 19:00 Uhr.
7. Christine arbeitete immer bis 17:00 Uhr.
8. Der Unterricht war immer um 11:00 Uhr morgens.
9. Wir waren immer um 13:00 Uhr fertig, aber an diesem Tag hörten wir eine halbe Stunde früher auf.

65- Übersetzung:
(etwa Kap. 39)

Die Mutter von Christine trifft nach ihrer Rückkehr aus dem Urlaub ihre Nachbarin auf der Strasse und erzählt, wie die Ferien auf La Palma waren.

„Wir haben wunderschöne Ferien verbracht!
Christine geht es gut und wir haben ihren Freund Antonio kennengelernt.
Antonio ist sehr nett, und die beiden sind
(= bilden) ein schönes Paar.
Christine spricht schon sehr gut Spanisch.
Ach, wie ich sie vermisst hatte!
Jeden Tag schien die Sonne und wir haben zusammen viele Ausflüge gemacht.
Den Geburtstag meines Mannes feierten wir auf einem Campingplatz im Nationalpark.
Das war eine unvergessliche Erfahrung!
Christine hatte zuvor eine Campinggenehmigung beantragt. Das ist nötig, um im Nationalpark zu übernachten.

Jetzt habe ich gesehen, wie Christine lebt und ich mache mir keine Sorgen mehr."

66- Versuchen Sie mal einige Verkleinerungsformen zu bilden:
(etwa Kap. 44)

1. el pez   _____
2. la cabeza   _____
3. el coche   _____
4. el carro   _____
5. el perro   _____
6. el gato   _____
7. la luz   _____
8. la manzana   _____
9. el zapato   _____
10. el pájaro   _____

67- Animales abandonados
(etwa Kap. 41)

Übersetzung:

Die ausgesetzten (= verlassenen) Tiere sind immer ein Problem von La Palma gewesen.

Es gibt viele Hunde und Katzen, die keinen Besitzer haben.
Sie leben von den Essensresten, die die Restaurants in den Müll werfen.

Unglücklicherweise vermehren sich viele unkontrolliert.

Deshalb hat sich eine Tierschutzorganisation gegründet (fundar), die sich um Sterilisationen und Kastrationen kümmert.

Viele Tierärzte arbeiten gratis für die Organisation.

Sie nehmen auch gequälte (maltratar) Tiere auf. Sie impfen sie und suchen ein neues zuhause für sie.
Die Organisation sucht immer Mitarbeiter (el colaborador) und Spenden (la donación).

68- La pintura

(etwa Kap. 44)

Übersetzung:

Mir hat schon immer die Malerei gefallen.(la pintura artística).

Schon als Kind habe ich viel gemalt.

Später besuchte ich regelmässig Galerien und Ausstellungen.

Ich habe gern mit Aquarellfarben gearbeitet, aber in letzter Zeit habe ich mit Acrylmalerei begonnen.

Es fällt (resultar)mir schwer, mich an das neue Material zu gewöhnen, aber mir gefallen die verschiedenen Möglichkeiten, die es bietet.

Ölfarben haben mir noch nie gefallen, weil man dann auch mit Verdünnungen und Lösungsmitteln arbeiten muss, und ich hasse den Geruch.

In nächster Zeit möchte ich an einem Malkurs teilnehmen um meine Fähigkeiten (la hábilidad) zu verbessern.

69- por/para

1. Mañana salgo _____ Tenerife.
2. Es importante _____ mí.
3. _____ último comprendió el problema.
4. Es _____ reírse.
5. Cambió la camisa _____ un jersey.
6. Siempre dormía _____ la tarde.
7. He paseado _____ la ciudad.
8. Este dinero era _____ ti.
9. Falta poco _____ el fin de año.
10. Lo hago _____ relajar.
11. Te doy mi número de teléfono, _____ si acaso.
12. Te lo enviaré _____ correos.
13. Parece muy joven _____ su edad.
14. Nos encontramos _____ casualidad.
15. _____ falta de tiempo no podemos terminar la clase.
16. Compraron la casa _____ poco dinero.

70- Welche Zeit ist die richtige?

(etwa Kap. 39)

Übersetzung:

1. Ana hat einen Unfall.
2. Ana hat gerade eben einen Unfall gehabt.
3. Heute früh hat Ana einen Unfall gehabt.
4. Letzte Woche hat Ana einen Unfall gehabt.
5. Ana hatte mehrere Unfälle.
6. Ana hatte einen Unfall gehabt, als Pedro sie sah.
7. Christine und Monika sind gerade dabei zu telefonieren.
8. Christine und Monika haben gerade telefoniert.
9. Christine und Monika telefonierten gestern.
10. Christine und Monika telefonierten jeden Tag.
11. Christine hatte gerade mit Monika telefoniert, als das Telefon noch einmal klingelte.
12. Christine war gerade dabei, mit Monika zu telefonieren, als der Unfall sich ereignete.

13. Antonio hat gerade die Arbeit beendet.
14. Antonio arbeitet bis zum Abend.
15. Antonio arbeitete immer bis zum Abend.
16. Diese Woche hat Antonio bis zum Abend gearbeitet.
17. Letzte Woche hat Antonio bis Mittag garbeitet.
18. Antonio arbeitete gerade, als der Chef hereinkam.
19. Monika ging drei Mal pro Woche ins Sportstudio.
20. Monika ist gerade eben ins Sportstudio hineingegangen.
21. Während wir Monika suchten, war sie im Sportstudio.
22. Während Monika im Sportstudio war fing es an zu regnen.
23. Am Montag ging Monika ins Sportstudio.
24. Montags ging Monika ins Sportstudio.
25. Monika ist noch nie im Sportstudio gewesen.

71- Konstruktionen, die häufig Schwierigkeiten verursachen:

(etwa Kap. 39)

Übersetzung:

1. Er zog sich die Schuhe an.
2. Sie zog sich die Schuhe aus.
3. Jetzt werde ich nervös.
4. Gestern wurde ich nass. Ich glaube, ich werde krank.
5. Was steht auf dem Schild? (el letrero)
6. Ana hat sich schick gemacht.
7. Julio ist rot geworden.
8. Ana ist ein hübsches Mädchen geworden.
9. Sie scheint eine andere zu sein.
10. Sie ähnelt ihrer Mutter sehr.
11. Das Essen sah gut aus.
12. Ich wusste nicht, was ich machen sollte.
13. Wie soll ich das wissen?
14. Wir lassen das für einen anderen Tag (übrig).
15. Hör auf zu stören!

72- Welche Vergangenheit ist die richtige?
(etwa Kap. 35)

Übersetzung:

1. Wir gaben mehr Geld aus, als wir verdient hatten.
2. Christine und Antonio schauten sich alle Filme an, die sie ausgeliehen hatten.
3. Sie assen alle Weintrauben auf, die sie geerntet hatten.
4. Es kamen mehr Gäste als sie erwartet hatten.
5. Während sie die Gäste begrüssten, kamen noch mehr an.
6. Es fing zu regnen an, genau, wie wir es erwartet hatten.
7. Christine kam an, als wir Tee tranken.
8. Christine kam an, als wir Tee getrunken hatten.
9. Wir sprachen über das Thema, als das Telefon klingelte.
10. Als das Telefon klingelte, hatten wir schon über das Thema gsprochen.

73- Behördenvokabular:

(etwa Kap.40)

Was heisst denn...

1. ausstellen _____
2. beantragen _____
3. Vertrag _____
4. Belastung _____
5. Verfahren _____
6. angeben _____
7. bestätigen _____
8. Geldstrafe _____
9. Schaden _____
10. Skizze _____
11. Führerschein _____

12. Last _____

13. Nummernschild_____

14. anrechenbar _____

15. impedir _____

16. Duplikat _____

17. Unterschrift _____

18. ausführen _____

19. anhaftend _____

20. Übertragung _____

21. Papiere _____

22. Gebühr _____

23. Käufer _____

24. Verkäufer _____

25. (auf) lösen _____

74- Personalpronomen:

(etwa Kap. 35)

Übersetzung:

1. Ich habe es ihm gestern gesagt.
2. Sie hat es mir letzte Woche gesagt.
3. Sag' es mir!
4. Sie haben es uns gesagt.
5. Sie werden es ihm sagen.
6. Er hat es mir immer gesagt.
7. Werden sie es uns sagen?
8. Sie haben es uns angekündigt.
9. Ich habe es ihnen angekündigt.
10. Sie werden es uns ankündigen.
11. Hat er es euch angekündigt?
12. Er hat es uns angekündigt.
13. Wir haben es ihm gegeben.
14. Er hat es uns gegeben.
15. Sie hat es ihm gegeben.
16. Ich habe es dir gegeben.
17. Hast du es mir gegeben?
18. Er wird es dir geben.

75- gustar

(etwa Kap. 37)

Übersetzung:

Früher fuhr ich oft nach Österreich zum Skifahren. Mir gefiel die Landschaft, und ich mochte den Schnee.

Mir gefiel die frische Luft und die Natur.

Aber in letzter Zeit hat sich alles sehr verändert.

Jetzt gibt es zu viele Touristen, und man muss lange an den Liften(el teleesquí) warten.

Alles ist sehr kommerziell geworden.

Deswegen gefällt es mir nicht mehr.

76- hace, desde hace...

(etwa Kap. 33)

Übersetzung:

1. Sie haben sich vor langer Zeit kennengelernt.

2. Carmen und Antonio kannten sich seit ihrer Kindheit.

3. Monika ging seit vielen Jahren ins Sportstudio.

4. Vor dem Mittagessen hatte er einen Unfall.

5. Ich habe das vor vielen Jahren erfahren.

6. Das wusste ich schon lange.

7. Ich habe das schon vor dem Wochenende erfahren.

8. Früher wusste ich alle Telefonnummern aus dem Gedächtnis.

77- mismo, misma, lo mismo
(etwa Kap. 29)

Übersetzung:

1. Es ist immer das selbe…

2. Christine kaufte immer die selbe Marke.

3. Antonio hatte das selbe Auto wie José.

4. Beide Autos hatten die selben Motoren und die gleiche Farbe.

5. Ich habe es selbst gemacht.

6. Ich wollte das selbe.

7. Christine hatte immer die selben Probleme.

8. Antonio hat das selbe gesagt.

9. Das ist mir egal.

78- La navidad

(etwa Kap. 38)

Erzählen Sie in der Ich-Form, wie Sie das letzte Weihnachtsfest vorbereitet haben.

1. einen Baum kaufen
2. den Baum dekorieren
3. Geschenke suchen
4. viele Geschenke verpacken
5. die Familie einladen
6. einige Freunde besuchen
7. Plätzchen backen (confeccionar galletas)
8. Essen vorbereiten
9. zur Kirche gehen
10. den Baum anzünden
11. die Feuerwehr anrufen

79- Werkzeuge und Personalpronomen
(etwa Kap. 40)

Bilden Sie Sätze wie im Beispiel:

Bsp.: la cinta
Necesito la cinta. Dámela.
Espera, te la busco.

1. el taladro

2. el martillo

3. tornillos

4. el destornillador

5. clavos

6. las tenazas

7. la sierra

80- Superlativform (-ísimos)
(etwa Kap. 43)

Bilden Sie Formen wie im Beispiel:

Bsp.:　¿Estás segura? →¡Segurísima!

Es caro_____

Es bueno_____

Es alto_____

Es pequeño_____

Es malo_____

Es guapa_____

Es estrecho_____

Es interesante_____

¿Está interesado?_____

Es rápida_____

81- Personalpronomen
(etwa Kap. 40)

Behandeln Sie nach dem folgenden Beispiel:

Bsp.: decir lo- Monika
→ ¿Quién te lo dijo?
Me lo dijo Monika

1. dar unas naranjas- Ana
2. entregar los papeles- Antonio
3. contar una historia- José
4. prestar 20 €- Ana
5. limpiar el coche- Ana
6. explicar el ejercicio – Monika
7. traducir el artículo- Christine
8. presentar las chicas- Antonio

82- quedar(se)

(etwa Kap. 35)

Übersetzung:

1. Was habt ihr verabredet?
2. Ich habe noch fünf Minuten Zeit.
3. Ich nehme diese Schuhe (ich bleibe bei denen)
4. Wir haben uns für Samstag verabredet.
5. Ich bin den ganzen Tag im Bett geblieben.
6. Ich bleibe drei Wochen auf La Palma.
7. Das ist sehr schön geworden.
8. Es ist kein Brot mehr übrig.
9. Ich habe noch 50€.
10. Wie lange ich bleibe hängt davon ab wie sich die Dinge entwickeln.
11. Ich möchte das Haus behalten.
12. Es gibt keine andere Lösung.
13. Uns bleibt kein andere Möglichkeit.
14. Mir gefällt dein Halstuch.- Behalte es!
15. Ich brauche keine Tüte. Behalte sie!

Beginn des Lösungsschlüssels

1- Futuro (Zukunft)

(etwa Kap. 25)

Konjugieren Sie folgende Verben im Futuro

	llegar	**ir**
yo	llegaré	iré
tu	llegarás	irás
el	llegará	irá
nosotros	llegaremos	iremos
vosotros	llegaréis	iréis
ellos	llegarán	irán

	ser	**prohibir**
yo	seré	prohibiré
tu	serás	prohibirás
el	será	prohibirá
nosotros	seremos	prohibiremos
vosotros	seréis	prohibiréis
ellos	serán	prohibirán

2- Futuro (Zukunft)
(etwa Kap. 25)
Konjugieren Sie folgende Verben im Futuro

	tener	**salir**
yo	tendré	saldré
tu	tendrás	saldrás
el	tendrá	saldrá
nosotros	tendremos	saldremos
vosotros	tendréis	saldréis
ellos	tendrán	saldrán
	decir	**poner**
yo	diré	pondré
tu	dirás	pondrás
el	dirá	pondrá
nosotros	diremos	pondremos
vosotros	diréis	pondréis
ellos	dirán	pondrán

3- Futuro (Zukunft)

(etwa Kap. 25)

Übersetzung:

1. Christine se levantará a las siete de la mañana.
2. Se duchará a las siete y diez.
3. Desayunará a las siete y media.
4. Irá al trabajo a las ocho menos diez.
5. Trabajará de las ocho hasta la una.
6. Comerá algo a las dos de la tarde.
7. Irá al supermercado a las tres.
8. Visitará a Monika a las cuatro.
9. Las chicas harán ejercicio hasta las cinco y media.
10. A las seis Christine volverá a casa.
11. A las siete vendrá Antonio.
12. A las siete y media Christine y Antonio cenarán.
13. A las ocho los dos saldrán juntos.

4- Futuro (Zukunft)
(etwa Kap. 25)

Formulieren Sie einige Hypothesen wie im Beispiel angeben:

Bsp: La linterna no funciona.-Ser por la pila.
➔ Será por la pila.

1. No me habrá visto.
2. No habrá pan.
3. Llegará más tarde.
4. No tendrá coche.
5. Estará cansado.
6. Lloverá.
7. No habrá nadie.
8. Será día de fiesta.
9. No tendrán ganas.

5- Futuro (Zukunft)

(etwa Kap. 25)

Übersetzung:

Querida Maria,

No nos hemos visto desde hace mucho tiempo.

El mes que viene viajaré a Alemania.

Entonces podré visitarte.

Llegaré un viernes.

Te invitaré para comer y tendremos mucho tiempo para charlar.

Te describiré mi vida en La Palma, y tú también me contarás de las novedades en tu vida.

Nos divertiremos mucho.

Ya me alegro mucho de verte.

Saludos de tu amiga

Christine

6- Konjugieren Sie folgende Verben im Indefinido:
(etwa Kap. 26)

	llevar	visitar
yo	llevé	visité
tu	llevaste	visitaste
el	llevó	visitó
nosotros	llevamos	visitamos
vosotros	llevasteis	visitasteis
ellos	llevaron	visitaron

	insertar	informar
yo	inserté	informé
tu	insertaste	informaste
el	insertó	informó
nosotros	insertamos	informamos
vosotros	insertasteis	informasteis
ellos	insertaron	informaron

7- Konjugieren Sie folgende Verben im Indefinido:

(etwa Kap. 26)

	vender	**aprender**
yo	vendí	aprendí
tu	vendiste	aprendiste
el	vendió	aprendió
nosotros	vendimos	aprendimos
vosotros	vendisteis	aprendisteis
ellos	vendieron	aprendieron

	entender	**volver**
yo	entendí	volví
tu	entendiste	volviste
el	entendió	volvió
nosotros	entendimos	volvimos
vosotros	entendisteis	volvisteis
ellos	entendieron	volvieron

8- Konjugieren Sie folgende Verben im Indefinido:

(etwa Kap. 26)

	abrir	**imprimir**
yo	abrí	imprimí
tu	abriste	imprimiste
el	abrió	imprimió
nosotros	abrimos	imprimimos
vosotros	abristeis	imprimisteis
ellos	abrieron	imprimieron

	distinguir	**dirigirse**
yo	distinguí	me dirigí
tu	distinguiste	te dirigiste
el	distinguió	se dirigió
nosotros	distinguimos	nos dirigimos
vosotros	distinguisteis	os dirigisteis
ellos	distinguieron	se dirigieron

9- Konjugieren Sie folgende Verben im Indefinido:

(etwa Kap. 26)

	probar	**llegar**
yo	probé	llegué
tu	probaste	llegaste
el	probó	llegó
nosotros	probamos	llegamos
vosotros	probasteis	llegasteis
ellos	probaron	llegaron

	entregar	**pagar**
yo	entregué	pagué
tu	entregaste	pagaste
el	entregó	pagó
nosotros	entregamos	pagamos
vosotros	entregasteis	pagasteis
ellos	entregaron	pagaron

10- Konjugieren Sie folgende Verben im Indefinido:

(etwa Kap. 26)

	ir	**ser**
yo	fui	fui
tu	fuiste	fuiste
el	fue	fue
nosotros	fuimos	fuimos
vosotros	fuisteis	fuisteis
ellos	fueron	fueron

	tener	**estar**
yo	tuve	estuve
tu	tuviste	estuviste
el	tuvo	estuvo
nosotros	tuvimos	estuvimos
vosotros	tuvisteis	estuvisteis
ellos	tuvieron	estuvieron

11- Konjugieren Sie folgende Verben im Indefinido:

(etwa Kap. 26)

	seguir	**convertirse**
yo	seguí	me convertí
tu	seguiste	te convertiste
el	siguió	se convirtió
nosotros	seguimos	nos convertimos
vosotros	seguisteis	os convertisteis
ellos	siguieron	se convirtieron

	reír	**sentir**
yo	reí	sentí
tu	reíste	sentiste
el	rió	sintió
nosotros	reímos	sentimos
vosotros	reísteis	sentisteis
ellos	rieron	sintieron

12- Konjugieren Sie folgende Verben im Indefinido:

(etwa Kap. 26)

	leer	**oir**
yo	leí	oí
tu	leíste	oíste
el	leyó	oyó
nosotros	leímos	oímos
vosotros	leísteis	oísteis
ellos	leyeron	oyeron

	decir	**conducir**
yo	dije	conduje
tu	dijiste	condujiste
el	dijo	condujo
nosotros	dijimos	condujimos
vosotros	dijisteis	condujisteis
ellos	dijeron	condujeron

13- Für Spezialisten:

(etwa Kap. 26)

Geben Sie folgende Formen im Indefinido an:

1. murió
2. durmieron
3. produjiste
4. se convirtió
5. realicé
6. se dirigieron
7. hizo
8. hicieron
9. creyeron
10. pagué
11. cayó
12. eligieron
13. rió
14. pidió

14- Indefinido

(etwa Kap. 26)

Jetzt erzählen Sie anhand der Übung 3 in Spanisch,was Christine gestern gemacht hat:

1. Ayer, a las siete de la mañana Christine se levantó.
2. A las siete y diez se duchó.
3. A las siete y media desayunó.
4. A las ocho menos diez fue al trabajo.
5. Trabajó de las ocho a la una.
6. Comió algo a las dos de la tarde.
7. A las tres fue al supermercado.
8. Visitó a Monika a las cuatro de la tarde.
9. Las chicas hicieron ejercicio hasta las cinco y media.
10. A las seis Christine volvió a casa.
11. A las siete llegó Antonio.
12. A las siete y media Christine y Antonio cenaron.
13. A las ocho los dos salieron juntos.

15- Indefinido

(etwa Kap. 26)

Setzen Sie die richtige Form des Indefinido ein:

Christine pasó una semana tranquila.

El lunes fue al gimnasio. Después fue a comprar fruta.

El martes trabajó en el jardín.

Por la tarde fue a la jardinería y compró algunas plantas nuevas.

El miércoles Christine y Antonio fueron al mar. Se quedaron casi todo el día en la playa.

El jueves Christine tuvo que ir al aeropuerto para buscar a sus padres.

En el camino a casa todos comieron en un restaurante.

El viernes Christine paseó con sus padres por la ciudad.

16- Indefinido
(etwa Kap. 37)

Erzählen Sie anhand der Liste, was die Familie Schulz in ihrem Urlaub gemacht hat:

Los Schulz (ellos) :

1. Llegaron al aeropuerto.
2. Fueron recogidos por su hija.
3. Vivieron en un apartamento bonito.
4. Comieron en restaurantes.
5. Celebraron la navidad.
6. Conocieron a Antonio.
7. Caminaron mucho.
8. Hicieron una excursión a la Caldera.
9. Solicitaron un permiso de acampada.
10. Pernoctaron en la Caldera.
11. Sacaron muchas fotos.
12. Fueron a la playa.

17- Indefinido

(etwa Kap. 26)

Setzen Sie die richtige Form des Indefinido ein:

Así pasaron Christine y Antonio el fin de semana.

El viernes por la noche salieron a bailar.

El sábado por la mañana fueron de compras.

Por la tarde los dos vieron una película interesante en la tele.

Por la noche se encontraron con amigos.

El domingo la pareja se despertó tarde.

Los dos desayunaron tranquilamente.

Después visitaron el rastro de Argual.

Por la tarde fueron a la playa.

18- Indefinido
(etwa Kap. 28)
Setzen Sie die richtige Form des Indefinido ein:

Antonio hat den Tag in Teneriffa verbracht, und wollte mit dem letzten Flieger nach La Palma zurückkommen. Aber wegen schlechten Wetters startete das Flugzeug nicht...

Christine tuvo que dormir sola…
A la una de la noche Christine se despertó.
Escuchó un ruido raro.
Encendió la luz.
Christine se levantó y se puso la bata.
Abrió la puerta del dormitorio y bajó la escalera.
Escuchó a la puerta y no oyó nada.
Por la ventana vio su gato. Dejó entrar el gato y los dos subieron la escalera.
Christine se quitó la bata, se acostó con el gato y apagó la luz.
Los dos se durmieron enseguida.

19- Indefinido

(etwa Kap. 28)

Setzen Sie die korrekte Form des Indefinido ein:

1. Ayer Christine se levantó a las seis.
2. Primero caminó en la playa.
3. Después desayunó y se duchó.
4. Estudió español durante dos horas.
5. A mediodía se encontró con Monika.
6. Las dos charlaron un buen rato.
7. Luego Christine fue al supermercado.
8. Finalmente volvió a casa y preparó la cena.
9. Por la noche Christine salió con unos amigos.

20- Indefinido
(etwa Kap. 28)

Stellen Sie sich vor, sie wären Christine und wiederholen Sie die Sätze der letzten Übung in der Ich-Form.

1. Ayer me levanté a las seis.
2. Primero caminé en la playa.
3. Después desayuné y me duché.
4. Estudié español durante dos horas.
5. A mediodía me encontré con Monika.
6. Charlamos un buen rato.
7. Luego fui al supermercado.
8. Finalmente volví a casa y preparé la cena.
9. Por la noche salí con unos amigos.

21- Pluscuamperfecto
(etwa Kap. 28)

Wie sagt man in Spanisch mit dem Plusquamperfecto:

1. habíamos dormido
2. había comido
3. habíais llegado
4. habían ido
5. había ganado
6. se había despertado
7. había estado allí
8. habías tenido
9. habías dado
10. habían pagado
11. habían abierto
12. habíais dicho
13. habías puesto
14. había estado en casa
15. había estado enferma
16. nos habíamos levantado
17. había muerto
18. había vuelto

22- Pluscuamperfecto
(etwa Kap. 28)

Geben Sie die folgenden Formen im Pluscuamperfecto an:

1. había abierto
2. habían comido
3. habíais puesto
4. me había divertido
5. habían muerto
6. había podido
7. habías escrito
8. se habían ido
9. te habías levantado
10. habíamos visto
11. había roto
12. habíais dicho

23- Pluscuamperfecto, Indefinido

(etwa Kap. 28)
Übersetzung

1. Cuando Monika nació, sus abuelos ya habían muerto.

2. Cuando Christine llegó, la tienda ya había cerrado.

3. Cuando visitamos Paris por segunda vez, había cambiado mucho.

4. Cuando los amigos entraron en la casa habíamos preparado todo.

5. Cuando el abuelo había muerto, encontramos sus revistas.

6. Cuando Antonio salió a la calle, había dejado de llover.

7. Cuando Antonio llegó a casa, Christine ya se había ido.

8. Comieron todo lo que habían llevado.

9. Cuando Pedro se escondió, ya le/lo había visto.

24- Imperfecto
(etwa Kap. 30)
Konjugieren Sie folgende Verben im Pretérito Imperfecto:

	funcionar	**meditar**
yo	funcionaba	meditaba
tu	funcionabas	meditabas
el	funcionaba	meditaba
nosotros	funcionábamos	meditábamos
vosotros	funcionabais	meditabais
ellos	funcionaban	meditaban

	conjugar	**tragar**
yo	conjugaba	tragaba
tu	conjugabas	tragabas
el	conjugaba	tragaba
nosotros	conjugábamos	tragábamos
vosotros	conjugabais	tragabais
ellos	conjugaban	tragaban

25- Imperfecto

(etwa Kap. 30)

Konjugieren Sie folgende Verben im Pretérito Imperfecto:

	leer	**meterse**
yo	leía	metía
tu	leías	metías
el	leía	metía
nosotros	leíamos	metíamos
vosotros	leíais	metíais
ellos	leían	metían
	vender	**volver**
yo	vendía	volvía
tu	vendías	volvías
el	vendía	volvía
nosotros	vendíamos	volvíamos
vosotros	vendíais	volvíais
ellos	vendían	volvían

26- Imperfecto
(etwa Kap. 30)
Konjugieren Sie folgende Verben im Pretérito Imperfecto:

	dirigirse	**oír**
yo	me dirigía	oía
tu	te dirigías	oías
el	se dirigía	oía
nosotros	nos dirigíamos	oíamos
vosotros	os dirigíais	oíais
ellos	se dirigían	oían

	conducir	**reír**
yo	conducía	reía
tu	conducías	reías
el	conducía	reía
nosotros	conducíamos	reíamos
vosotros	conducíais	reíais
ellos	conducían	reían

27- Imperfecto

(etwa Kap. 30)

Konjugieren Sie folgende Verben im Pretérito Imperfecto:

	ser	**ir**
yo	era	iba
tu	eras	ibas
el	era	iba
nosotros	éramos	íbamos
vosotros	erais	ibais
ellos	eran	iban
	ver	**traer**
yo	veía	traía
tu	veías	traías
el	veía	traía
nosotros	veíamos	traíamos
vosotros	veíais	traíais
ellos	veían	traían

28- Geben Sie die entsprechende Form im Indefinido und Imperfecto an:

(etwa Kap. 30)

	Indef. / Imperf.
Bsp.: trabaja	trabajó/trabajaba
1. evita	evitó/evitaba
2. dices	dijiste/decías
3. vamos	fuimos/íbamos
4. vemos	vimos/veíamos
5. sé	supe/sabía
6. es	fue/era
7. estáis	estuvisteis/estabais
8. tengo	tuve/tenía
9. me atrevo	me atreví/me atrevía
10. vienen	vinieron/venían
11. conduzco	conduje/conducía
12. oye	oyó/oía

13. piden — pidieron/pedían

14. te decides — te decidiste/te decidías

15. puedes — pudiste/podías

16. ponéis — pusisteis/poníais

17. introduce — introdujo/introducía

18. hace — hizo/hacía

19. hay — hubo/había

20. sonríe — sonrió/sonreía

21. venís — vinisteis/veníais

22. brindamos — brindamos/brindábamos

23. llego — llegué/llegaba

24. aprendes — aprendiste/aprendías

29- Setzen Sie die korrekte Vergangenheitsform:

(etwa Kap. 30)

Blancanieves

Blancanieves nació en un castillo grande. Su padre era rey y Blancanieves tenía la educación de una princesa.

Su madre murió pronto, y el rey se casó de nuevo.

Las relaciones entre Blancanieves y la madrastra eran malas.

Por eso Blancanieves abandonó a la familia y buscó trabajo.

Durante unos meses trabajaba en casa de siete enanos como criada, donde sobrevivió varios atentados.

Luego cambió el empleo y trabajaba en casa del príncipe del país vecindario como reina.

30- Setzen Sie die korrekte Vergangenheitsform:

(etwa Kap. 30)

El lobo

El lobo nació en el bosque.

Crecía con muchos hermanos.

Su madre les enseñaba a cazar y juntos vivían una vida tranquila.

Su único enemigo era el cazador. Él mataba uno tras otro y así nuestro lobo se convirtió en un lobo muy solitario.

Se aburría mucho y cada día vagaba por el bosque.

Allí un día se encontró con Caperucita Roja.

Habló con ella y enseguida reconoció la oportunidad de hacerse famoso.

Fue a casa de la abuela de Caperucita Roja para tragarla, y luego también comió a Caperucita.

31- Setzen Sie die korrekte Vergangenheitsform:
(etwa Kap. 30)

Antonio:

Antonio nació en La Palma, en Garafía.

Crecía/creció en el campo, iba/fue al colegio de Puntagorda, donde terminó el bachillerato.

Después se mudó al Valle Aridane porque allí había más empleo.

Encontró un trabajo en la construcción y más tarde trabajó en una ferretería.

Cada día iba al gimnasio.

Allí conoció a Monika.

Monika le invitó a una cena en la que conoció a Christine.

Los dos se enamoraron.

32- tan, como, más, tanto, etc…

(etwa Kap. 30)

Übersetzung

1. Esta película no era tan divertida como la otra.
2. No es verdad, esta película es mejor que la otra.
3. Esta película era tan divertida como la otra.
4. Juan es más listo que sus hermanos.
5. El tiempo no era tan malo como el año anterior.
6. Me parece que el año pasado (último año) llovió más.
7. Hasta ahora no ha llovido tanto.
8. Monika trabajaba tanto como Christine.
9. Ana es una chica tan guapa...
10. Es tan guapa como su hermana.

33- Imperfecto oder Indefinido?

(etwa Kap. 29)
Personenbeschreibungen

a) ¿Cómo era la abuela cuando la conociste??

Era una chica joven.
Era muy guapa, tenía el pelo rubio y llevaba cola de caballo.
Era alta y delgada, muy deportiva.

b) ¿Cómo era el abuelo cuando le conociste?

Era un jovencito alto y moreno.
No llevaba bigote como hoy.
Tenía los ojos inteligentes y estaba muy bien entrenado.

c) ¿Cómo era la bruja de español cuando era joven?

Era una brujita muy inteligente.
Llevaba gafas y tenía el pelo largo.
Era bajita, un poco pálida y aprendía fácilmente.

d) ¿Cómo era el tío?

Mi tío era un hombre bajito.
Era gordo.
Era calvo.
Llevaba barba y fumaba puros.
Tenía los ojos oscuros y llevaba gafas.

e) ¿Cómo era la tía?

La tía tenía el pelo entrecano.
Era bajita y pesaba poco.
Pero tenía los ojos brillantes.
Era una persona bastante agradable.
Siempre hablaba mucho.

f) ¿Cómo era tu madre?

Mi madre era bajita y rubia.
Era una mujer bondadosa.
También era simpática.
Llevaba el pelo corto.

g) ¿Cómo era tu padre?

Mi padre era un hombre de media estatura.
Tenía los ojos azules.
Era muy callado, pero enérgico.
Le gustaban los perros y le gustaba trabajar en su jardín.

34- Indefinido oder Imperfecto?

(etwa Kap.30)
Setzen Sie die korrekten Verbformen ein:

El cazador de ratas de Hamelín

Una vez en la ciudad de Hamelín hubo una plaga de ratas.
Los habitantes intentaban todo pero no podían acabar con ellas.
Incluso los gatos huían asustados.
El ayuntamiento prometió una recompensa enorme por un remedio contra las ratas.
Un día un flautista apareció en la ciudad y ofreció ahuyentar a las ratas.
Paseaba por las calles tocando la flauta y como el sonido de flauta era tan maravilloso, las ratas salieron de todas partes para seguirle.
Así el flautista guió las ratas a un río donde se ahogaron.

Pero el ayuntamiento no quería pagarle la recompensa al flautista y dijo que tocar la flauta no valía tanto dinero.

El flautista se enfureció mucho porque los habitantes no querían pagar sus deudas y para vengarse paseó otra vez por las calles de la ciudad tocando la flauta. Pero esta vez le siguieron todos los niños de la ciudad y los padres no podían hacer nada para evitarlo.

35- Übersetzung:

(etwa Kap. 30)

En la fiesta de almendros en flor

El pasado fin de semana estuve en la fiesta de almendros en flor en Puntagorda.
Había música alta y mucho vino.
Los grupos de folclore enseñaron sus bailes.
En la muchedumbre perdí a mi mujer.
Después todo me parecía un poco nebuloso.
Parece que estaba en el bar e intentaba tocar la guitarra aunque no lo sé.
Me echaron del bar.
En el camino a casa eché mis zapatos por encima de un muro.
Por desgracia (desgraciadamente) había un perro en el otro lado del muro.
Cuando lo noté, ya me había mordido.
Cuando llegué a casa, mi mujer no estaba.
Cuando ella llegó no sabía tampoco donde había estado.

36- Welche Vergangenheit passt zu den folgenden Ausdrücken?
(etwa Kap. 30)

1. el año pasado — Indefinido
2. esta tarde — Perfecto
3. una y otra vez — Imperfecto
4. la noche anterior — Pluscuamperf.
5. ayer — Indefinido
6. anteayer — Indefinido
7. en marzo — Indefinido
8. regularmente — Imperfecto
9. en 2015 — Indefinido
10. hoy — Perfecto
11. hasta entonces — Pluscuamperf.
12. siempre — Imperfecto
13. el mes pasado — Indefinido
14. este mes — Perfecto
15. hasta ahora — Perfecto
16. ya — Perfecto
17. todavía — Perfecto
18. el sábado — Indefinido
19. el fin de semana — Indefinido
20. mientras — Imperfecto

37- Welches sind die drei unregelmässigen Verben des Pretérito Imperfecto, und wie werden sie konjugiert?
(etwa Kap. 30)

1. **ser**
   era, eras, era, éramos, erais, eran

2. **ir**
   iba, ibas, iba, íbamos, ibais, iban

3. **ver**
   veía, veías, veía, veíamos, veíais, veían

38- Indefinido oder Imperfecto?
(etwa Kap. 30)

Setzen Sie die korrekten Verbformen ein:

La Cenicienta

Había una vez una chica bella. Sus padres habían muerto. Por eso vivía con su madrastra que además tenía dos hijas propias que eran presumidas pero feas.
La chica tenía que hacer todo el trabajo en la casa y por la noche dormía al lado del horno. Por eso la llamaban Cenicienta.
El príncipe del reino buscaba una novia. Por eso dio una fiesta a la que invitó a todas las chicas del país.
Las dos hermanastras se alegraron mucho, pero Cenicienta no podía ir al baile porque le faltaba un vestido adecuado.
Cenicienta fue a la tumba de su madre donde lloró amargamente. De repente apareció un hada.

El hada le dio un vestido maravilloso pero Cenicienta tuvo que prometer que iba a regresar a las doce de la fiesta.

Cenicienta fue al baile y pasó una noche fantástica ya que el príncipe se enamoró enseguida de ella.

Casi no se dio cuenta de la hora y a medianoche la chica tuvo que huir del palacio. En la huída perdió un zapato.

El príncipe intentó todo para encontrar a la chica tan bella. Sus sirvientes buscaron por todo el reino a la chica que podía llevar ese zapato tan fino. Las hermanastras de Cenicienta intentaron amputarse los dedos de los pies para poder llevar el zapato, pero no les sirvió.

Finalmente Cenicienta probó el zapato y como le iba bien el príncipe la reconoció y se casó con ella.

Así Cenicienta se convirtió en reina del país.

39- Übersetzung Imperf./ Indef.
(etwa Kap. 30)

Era un día maravilloso.
Monika decidió ir a la ciudad para comprar una radio.
Preparó su bolsa (bolso), llevó dinero y subió al coche.
Aparcó junto al cine porque pensaba que el aparcamiento subterráneo era demasiado caro.
Junto al cine ya había muchos coches, pero todavía encontró un hueco.
Fue a la tienda de electrónica.
En el camino encontró a su amiga que estaba vestida muy elegante.
-Hola, no nos hemos visto desde hace mucho tiempo. Tienes muy buen aspecto.
-Tú también. ¿Qué te parece si el sábado vamos a la discoteca?
-¡Una idea excelente! Llámame, de momento tengo prisa…
Monika seguía a la tienda de electrónica.
Entró.
Allí había muchas radios.
Eligió una y la pagó por tarjeta.
Después quería tomar un café.
Pero en el bar había demasiada gente y por eso volvió a casa.

40- Übersetzung:

(etwa Kap. 30)

1. Silvia aprende español. Es principiante.
2. Todavía no sabe hablar mucho español.
3. Se está mudando de Alemania a España.
4. Tiene una casita con jardín.
5. ¿Qué aspecto tiene? Tiene buen aspecto.
6. Tiene planta baja, primera planta y una azotea.
7. Estaba ocupada toda la semana.
8. Por la mañana trabajaba y por la tarde aprendía español.
9. Llegó aquí el año pasado.- No me acuerdo de la fecha exacta.
10. En el avión estaba junto a la ventana.
11. Se trata de un problema difícil.
12. No lo quiere contar a nadie.
13. Acaba de colgar el teléfono.
14. Ana también esta mudándose a La Palma (oder : se está mudando)
15. Las mujeres no se conocen entre sí.

41- Übersetzung:
(etwa Kap. 35)

El coche de Christine

Christine siempre se prestaba el coche de Antonio.
Un día pensó que era hora de comprarse un coche propio.
Pero no sabía como funciona esto en España.
Por eso preguntó a su amiga Monika.
Monika le explicó que tenía que buscar primero un coche, después necesitaba un seguro, y finalmente le dijo como se traspasa un coche.
Primero Christine buscaba un coche de segunda mano.
Iba a todas las tiendas y también buscaba en el periódico.
Le explicaron muchas cosas en la agencia de seguros.
Allí Christine contrató un seguro cuando había encontrado un coche apropiado.

Hizo el traspaso por una gestoría.
Tuvo que cambiar su carnet de conducir.
Por eso fue primero a un psicotécnico, donde hizo un test visual, y con el papel correspondiente se dirigió a la jefatura de tráfico.
Además necesitaba la ficha técnica y un montón de papeles más.
¡Por fin todo estaba terminado!
Un poco más tarde Christine tuvo que ir con el coche a la ITV.
Antes había aprendido todo el vocabulario de coches.
Christine aprobó la ITV igual que el coche.
Estaba muy orgullosa y finalmente recogió (oder: buscó) a sus padres del aeropuerto en su propio coche.

42- Verflixte Befehlsformen (gesiezt, Sg.)
(etwa Kap. 34)

Wie sagt man auf Spanisch:

1. ¡Pare!
2. ¡Levántese!
3. ¡Pruébelo!
4. ¡Cálmese!
5. ¡Diviértase!
6. ¡Escúcheme!
7. ¡Dése prisa! (¡Apresúrese!)
8. ¡Acuéstese!
9. ¡Siéntese!
10. ¡Pídase...!
11. ¡Cómprese...!
12. ¡Dése la vuelta!

43- Verflixte Befehlsformen (geduzt)
(etwa Kap. 34)

Nun nehmen Sie die Befehle aus der letzten Übung (Nr 42) und geben Sie die spanische Befehlsform geduzt an!

1. ¡Para!
2. ¡Levántate!
3. ¡Pruébalo!
4. ¡Cálmate!
5. ¡Diviértete!
6. ¡Escúchame!
7. ¡Dáte prisa! (¡Apresúrate!)
8. ¡Acuéstate!
9. ¡Siéntate!
10. ¡Pídete...!
11. ¡Cómprate!
12. ¡Dáte la vuelta!

44- tan /tanto /así
(etwa Kap. 30)

1. María habla mucho. Pero no habla tanto como Eva.
2. Así es la vida….
3. Enrique es muy alto. Es tan alto como su padre.
4. Hay tantas cosas que no entiendo.
5. La Palma me gusta mucho. Es tan bonito….
6. Ha cometido un error. Pero no es para tanto.
7. ¿Cuánto es? Tanto es.
8. Ayer dormí hasta las tantas.
9. ¿Cómo se hace esto? Así .
10. Este trabajo no me gusta. No quiero vivir así.
11. Tenemos tantos coches como vosotros.
12. No hay solución. El problema es tan difícil.
13. Era una noticia tan mala que empezó a llorar.

45- tan, como, más, tanto, etc…

(etwa Kap. 30)

1. Esta película no es tan divertida como la otra.
2. No es verdad. Esta película es mejor que la otra.
3. Esta película es tan divertida como la otra.
4. Juan es más listo que sus hermanos.
5. El tiempo es tan malo como el año pasado.
6. Me parece que el año pasado llovió más.
7. Hasta ahora no ha llovido tanto.
8. Monika trabaja tanto como Christine.
9. Ana es una chica tan guapa…
10. Es tan guapa como su hermana.

46- mientras / durante

(etwa Kap. 30)

1. Durante muchos años Julio trabajaba para un banco.
2. Mientras trabajaba, desayunaba cada día en un bar.
3. Mientras tanto sus hijos crecían.
4. Mientras los hijos iban al colegio su madre trabajaba.
5. Durante aquella temporada Julio y su mujer trabajaban mucho.
6. Durante los últimos años vivían en un ritmo más tranquilo.
7. El vampiro dormía durante el día y por la noche vagaba por las calles de la ciudad.
8. Mientras paseaba por las calles se encontró con un gato.
9. Mientras tanto la mayoría de los habitantes de la ciudad dormía.

47- Übersetzung:

(etwa Kap. 26)

Das machte Julio im Laufe der letzten Woche:

1. Cortó el cesped.
2. Plantó un árbol.
3. Limpió el coche.
4. Pintó la puerta.
5. Fue al supermercado.
6. Fue al cine.
7. Habló por teléfono con el banco.
8. Se encontró con amigos.
9. Fue al carnaval.
10. Planeó las vacaciones.
11. Fue al médico.

48- Übersetzung:
(etwa Kap. 29)

Das machte Julio täglich:

1. Se levantaba a las siete.
2. Se limpiaba los dientes.
3. Se afeitaba.
4. Tomaba café.
5. Iba al trabajo.
6. Trabajaba hasta mediodía.
7. Iba a un bar para almorzar.
8. Llegaba a casa a las siete.
9. Aprendía inglés.
10. veía la tele.
11. Se acostaba a las once.

49- Indefinido oder Imperfecto?
(etwa Kap. 30)

Robo en un supermercado:

La noche pasada hubo un robo en el supermercado a la vuelta de la esquina.

Los ladrones entraron por la puerta de servicio.

El supermercado estaba vacío, por lo que los ladrones tuvieron mucho tiempo para abrir la caja fuerte a la fuerza.

Una empleada notó el robo al día siguiente a las 8h de la mañana.

El encargado del supermercado comentó el robo en la prensa local.

-Normalmente existen más medidas de seguridad, pero los ladrones aprovecharon un momento en el que la videovigilancia estaba averiada.

50- Indefinido oder Imperfecto?
(etwa Kap. 30)

1. Mientras estudiábamos vivíamos en Madrid.
2. Mientras vivíamos en Madrid íbamos en metro.
3. Mientras Antonio tomaba su cerveza sonó su móvil.
4. Mientras íbamos a la playa, nuestro coche se rompió.
5. Mientras cenábamos mirábamos la tele.
6. Mientras cantaba se le fue la voz.
7. Mientras tomaba el sol miraba el mar.
8. Mientras paseaba con el perro pisé las heces de otro perro.
9. Mientras trabajaba se rompió el brazo.
10. Mientras miraba por la ventana entró el jefe.

51- "werden"

(etwa Kap. 30)

Übersetzung:

1. La semana pasada Christine se puso enferma.

2. Voy a volver pronto.

3. Monika quería hacerse artista.

4. Se ha hecho profesora de español.

5. Ha quedado muy bonito.

6. ¿Cuántos años has cumplido la semana pasada?

7. ¿Te has vuelto loco?

8. Todos quieren envejecer. Nadie quiere ser viejo.

9. Cuando oyó la noticia se puso muy pálido.

10. Juan se ha convertido en budista.

11. Ana se puso muy triste.

52- acabar +de + Grundform = gerade eben
(etwa Kap. 31)

Übersetzung:

1. Acabo de hablar por teléfono con él.
2. ¿Acabas de ducharte?.
3. Acaba de llegar a casa.
4. Monika acaba de comprar una casa.
5. Acabo de preguntar por el precio.
6. Acabamos de comer.
7. Acabáis de mirar la tele.
8. Acaban de jugar.
9. Acabo de tomar una cerveza.
10. Acabamos de hacer un viaje.
11. Acabáis de llegar a La Palma.
12. Acaba de comprarse un coche nuevo..
13. Acabamos de salir del cine.
14. Acabo de leer el libro.
15. Acabamos de terminar la clase.
16. Acabo de aprender español..

53- Adverbien

(etwa Kap. 32)

Wie heisst das Adverb zu:

1. sorprendente   sorprendentemente
2. lento   lentamente
3. absoluto   absolutamente
4. final   finalmente
5. instintivo   instintivamente
6. fácil   fácilmente
7. práctico   prácticamente
8. relativo   relativamente
9. irónico   irónicamente
10. directo   directamente

54- Adverb oder Adjektiv?
(etwa Kap. 32)

Übersetzung

1. Jaime tiene un coche rápido.
2. Reacciona rápidamente.
3. Jaime tiene un buen trabajo. (oder un trabajo bueno.)
4. También trabaja bien.
5. Los zapatos son muy cómodos.
6. Con ellos se puede andar (caminar) cómodamente.
7. Christine sonreía felizmente.
8. La sonrisa de Christine era feliz.
9. Siempre andaban (caminaban) rapidamente.
10. El gato se dio la vuelta de un lado a otro perezosamente.
11. Tomó su café tranquilamente.
12. Christine hablaba continuamente.
13. El idioma español(la lengua española) es fácil.
14. Se abre la tapa fácilmente.
15. Eso ocurre (pasa) frecuentemente.

55- Setzen Sie die passenden Vergangenheitsformen und die fehlenden Ordnungszahlen ein:
(etwa Kap. 33)

Enrique octavo, rey de Inglaterra era conocido por casarse varias veces.

Su primera esposa era Catalina de Aragón.

Enrique cambió la ley para divorciarse de ella.

Su segunda esposa era Ana Bolena, que primero era dama de compañía de Catalina de Aragón.

Enrique la acusó por adulterio, y la decapitaron.

Después Enrique se casó con su tercera esposa, Juana Seymour, que anteriormente era dama de compañía de .Ana Bolena.

Los dos tuvieron/tenían un hijo, Eduardo sexto de Inglaterra.

Juana murió en el parto.

Enrique octavo se casó

por cuatra vez con Ana de Cléveris.

El matrimonio duró solamente seis meses.

Catalina Howard era la quinta esposa de Enrique. Era prima de Ana Bolena.

Anularon el matrimonio y decapitaron a Catalina.

Finalmente, Enrique se casó con su última, la sexta esposa, Catalina Parr.

Catalina Parr era la única esposa, que le sobrevivió.

Ella se casó en total cuatro veces. Enrique octavo era su tercer marido.

56- Setzen Sie die richtigen Verbformen des Imperfecto ein:

(etwa Kap. 29)

Mami estaba sentada sola a la sombra de los laureles en una de las mesas que había delante del bar en la plaza. El calor del mediodía era terrible. Una patrulla de la policía estaba paseando. Los dos sudaban en sus uniformes y se notaba que ellos también querían sentarse en la sombra. Mami observaba a la gente de la plaza.

Había muchos turistas deambulando, la mayoría con las pintas tan típicas de ellos; Pantalones cortos, calcetines estirados, y muchos tenían los rostros muy rojos.

El sol de las Islas Canarias era demasiado fuerte para los pálidos habitantes del norte de Europa.

Cerca de ella había un grupo de señoras de edad avanzada que llevaban pesados collares de oro y emitían el sonido de una batería de gallinas dispuestas a poner huevos.

57-Indefinido, Imperfecto oder Plusquamperfecto?

(etwa Kap. 33)

Setzen Sie die richtigen Verbformen ein:

-Perdóname, Señora…Mami levantó la vista y parpadeó. Se sorprendió ya que le habían hablado en alemán. La voz era muy agradable y tenía un acento italiano. El hombre era muy alto y delgado.
Estaba bien vestido y tenía una cara muy atractiva.
Se quitó las gafas de sol y guiñó con sus ojos de color avellana. Desprendía el aroma de un aftershave lujoso y con una mirada rápida, Mami averiguó que sus pantalones eran tan ajustados a su cadera que le entró pánico.
Su respiración se aceleró notablemente.

-Ehem, sí- dijo.

Mami se preguntó porque había saltado la norma número uno : ¡Nunca salir sin maquillaje!

-¿Me permite que me siente aquí? ,-preguntó.

-Sí, con mucho gusto.

Mami casi no reconoció su propia voz.

-No quedaba ninguna mesa libre- empezó la conversación.- Para ser sincero, quería conocerle.- siguió en un tono excitante.

El camarero sirvió el café de Mami y el hombre dijo: -Yo también quisiera un café como la señora. Con una sonrisa se volvió a ella. –A propósito, me llamo Giovanni.

Aja. Giovanni. Giovanni Semidiós.

Mientras seguía hablando, Mami sentía como su corazón latía.

Le costaba pensar en ese estado de anestesia, y así se limitaba a escuchar mientras jugaba nerviosamente con su café.
-Sabe- concluyó el semidiós, devorándola con sus ojos.-La vida no es tan fácil para un hombre soltero como yo.
¡Yo soy la mujer perfecta para ti! gritó la voz interna de Mami. Pero un nudo en la garganta se lo impedía y por sus labios salió sólo un ridículo: -Sí, es verdad.
Giovanni Semidiós sacó una pequeña libreta del bolso de su chaqueta y se armó con un bolígrafo.
–¿Me da su nombre y número de teléfono? ¿Me permite que le llame?
¡Sí que lo permitía!

Mami le lanzó otra mirada ansiosa, enrojeció una vez más y tosió.
-María Michaela.- suspiró felizmente.
Le estaba dando el número de su móvil cuando de repente alguien le tocó el hombro.
Se dio la vuelta y e hizo una mueca.
¿A quién le gustaba la interrupción de una cita con un semidiós?
Era su hijo.

texto adaptado de:
Geri Mondvogel:
La Palma, escena del crimen
Mami Biermann y el Tesoro de la Virgen
Zweisprachige Ausgabe
ISBN : 9-783732-252725

58- Übersetzung:
(etwa Kap. 32)

Mami resplandecía como el sol.
Giovanni la había llamado para encontrarse con ella.
Habían quedado en encontrarse junto a la entrada del rastro.
Mami esperaba allí y miraba las montañas (oder: mirando las montañas).
-¿ No es una maravilla?
Mami se asustó.
(Él) simplemente estaba allí y le sonreía.
Su mirada era clara y amable.
(Ella) ya estaba soñando con un futuro con él.
Mami se había arreglado por la ocasión.
Juntos paseaban por los puestos que ofrecían un montón de cosas inútiles.
También hablaron con una amiga de Mami, que se llamaba Simone.
Después de su paseo los dos decidieron ir al Mirador del Time para comer allí y para disfrutar de la vista(oder: disfrutando de la vista).

59- Imperfecto, Indefinido, Pluscuamperfecto, Futuro

(etwa Kap. 32)

Setzen Sie die passende Form ein:

Sara paseaba por el rastro. Estaba enfadada porque su novio Leonardo no tenía tiempo para ella. Ahora Sara quería visitar a su amiga Simone, que vendía libros en el rastro. Simone abrió sus brazos con una sonrisa.
-Acabo de pensar en tí. -¿En mí?- preguntó Sara.
Simone le susurró en tono conspirador:
-Parece que a todo el mundo le gustan los amantes italianos. Imagínate: ahora Mami también tiene uno…
Estuvo aquí con él hace una hora.
-¿De veras?- dijo Sara suspicaz.-¿Mami y un italiano? ¿Cómo se llama?

-Giovanni.

Por un momento Sara sintió alivio, pero entonces preguntó: -¿Tenía un metro ochenta de altura, pelo blanco y una cara muy bronceada, y llevaba bigote?

-Exactamente. ¿Le conoces? Y dime ¿cuándo me presentarás tu superman?

-¡Qué cabrón!-

Sara se mareó.. Había tenido razón con la sospecha de que Leonardo fue a buscar flores en otra parte.

-¡Felicidades, tonta vieja!- se felicitó a sí misma.

Simone la miró con asombro.- ¿Quién es un cabrón? ¿El italiano?

-Sí- respondió Sara.

Respiró profundamente y explicó a Simone que Giovanni probablemente se llamaba Leonardo y que ese hombre había fingido el gran amor por ella.

Simone contó que los dos habían dicho que querían ir al Time para almorzar.
Sara dio las gracias a Simone, se dirigió a su coche y arrancó el motor.
Tomó la carretera hacia el Time.

60- Vokabular und Übersetzungsprobleme
(etwa Kap. 40)

Wie sagt man auf Spanisch:

1. No tiene nada que ver con esto.
2. Ayer cometí un error.
3. Monika imparte clases de español.
4. Quiero (Quisiera) solicitar una cita.
5. Quiero (Quisiera) acordar una cita.
6. La comida tiene buen aspecto (buena pinta).
7. Sí, tienes (auch möglich: llevas) razón.
8. Tenía ganas de ir al cine.
9. La semana pasada los chicos gastaron una broma a Christine.
10. Christine no se dio cuenta.
11. Christine echa de menos a su familia en Alemania.
12. Estaba tan cansado (-a), que eché una siesta.
13. Forma parte del programa.

61- Welche Vergangenheit wird gebraucht?
(etwa Kap. 33)

Übersetzung:

1. Christine trabajaba cada día aquí.
2. Christine trabajó aquí hasta 2015.
3. Hasta ahora ha trabajado aquí.
4. Acaba de trabajar aquí.
5. Antonio y Christine jugaban cada semana al ajedrez.
6. Antonio y Christine jugaban al ajedrez cuando Monika entró.
7. El viernes Antonio y Christine jugaron al ajedrez.
8. Mientras jugaban al ajedrez, el gato dormía debajo de la mesa.
9. El profesor pronunciaba tan mal que nunca entendía lo que decía.
10. Perdona.- ¿Qué dijiste?
11. Dije que no tenía (ni) idea como funciona esto.

12. José llegó a las tres de la tarde.
13. José llegó (demasiado) tarde.
14. José llegaba tarde con regularidad.
15. José siempre llegaba puntual, pero aquel día llegó tarde.
16. Cuando José llegó ya era tarde.
17. Hay un problema.
18. Siempre había problemas.
19. Aquel día hubo un problema.
20. Christine y Antonio siempre desayunaban juntos.
21. El domingo Christine y Antonio desayunaron juntos.
22. Quería desayunar con Christine y Antonio , pero entonces llamó mi amiga.
23. Christine y Antonio han desayunado hasta ahora.
24. Christine y Antonio acaban de desayunar.
25. Christine y Antonio están desayunando.
26. Christine y Antonio desayunaban juntos cuando sonó el teléfono.

62- Und immer wieder das Wetter
(etwa Kap. 33)

Übersetzung:

El año pasado hizo buen tiempo.
Hizo calor, pero no tuvimos calima.
Tampoco llovió mucho.

Este año todavía no ha llovido mucho, pero
hasta ahora ha hecho mucho viento.
El aire todavía está frío.
En febrero incluso nevó en las montañas.
Entonces por las noches hizo mucho frío.

Antes llovía más.
Pero siempre ha habido años con poca lluvia.

Ayer por la mañana hizo sol, pero entonces
las nubes cubrieron el cielo y otra vez hizo frío.

Por la tarde el sol salió otra vez y tuvimos una
puesta del sol muy bonita.

63- Christine und Antonio machen Ferien in Andalusien
(etwa Kap. 37)

Setzen Sie den Text in die Vergangenheit:

A Christine siempre le habían gustado los caballos.
Por eso Christine y Antonio fueron juntos a Andalucía para pasar algunos días allí.
Querían hacer vacaciones hípicas.
Fueron en avión a Madrid y después a Málaga.
Vivieron en una casa romántica.
Alquilaron unos caballos maravillosos y con ellos hacían algunas excursiones fantásticas.
Disfrutaban del paisaje y de los caballos.
Hacía mucho sol, pero también hacía viento.
Un día visitaron Sevilla.
Miraron los palacios y la Giralda y visitaron también la Real Escuela Del Arte Ecuestre.(Königliche Hofreitschule).
Una semana más tarde volvieron a La Palma.

64- Uhrzeiten

(etwa Kap. 30)
Übersetzung:

1. ¿A qué hora llegó la guagua (el autobús)?
2. ¿A qué hora llegaste a casa?
3. ¿Qué hora será (ahora)?
4. Serán las dos de la tarde más o menos.
5. Eran las tres y media de la tarde cuando Julio llegó a casa.
6. Terminaron la reunión a las siete de la tarde.
7. Christine siempre trabajaba hasta las cinco de la tarde.
8. Las clases siempre eran a las once de la mañana.
9. Siempre terminábamos a la una de la tarde, pero aquel día terminamos media hora antes.

65- Übersetzung:
(etwa Kap. 39)

Die Mutter von Christine trifft nach ihrer Rückkehr aus dem Urlaub ihre Nachbarin auf der Strasse und erzählt, wie die Ferien auf La Palma waren.

-¡Pasamos unas vacaciones maravillosas!
Christine está bien y conocimos a su novio Antonio.
Antonio es muy simpático y los dos forman una pareja bonita.
Christine ya habla muy bien español.
¡Ay, como la había echado de menos!
Cada día el sol brillaba y juntos hacíamos muchas excursiones.
Celebramos el cumpleaños de mi marido en un lugar de acampada en el parque nacional.
¡Fue una experiencia inolvidable!
Antes Christine había solicitado un permiso de acampada.
Eso es necesario para pernoctar en el parque nacional.

Ahora he visto como Christine vive y ya no me preocupo.

66- Versuchen Sie mal einige Verkleinerungsformen zu bilden:
(etwa Kap. 44)

1. el pez — el pececito
2. la cabeza — la cabecita
3. el coche — el cochecito
4. el carro — el carrito
5. el perro — el perrito
6. el gato — el gatito
7. la luz — la lucecita
8. la manzana — la manzanita
9. el zapato — el zapatito (zapatilla)
10. el pájaro — el pajarito

67- Animales abandonados
(etwa Kap. 41)

Übersetzung:

Los animales abandonados siempre han sido un problema de La Palma.

Hay muchos perros y gatos que no tienen dueño (amo).

Viven de los restos de la comida que los restaurants echan a la basura.

Por desgracia (Desgraciadamente) muchos se multiplican sin control.

Por eso se ha fundado una organización de protección de animales que se ocupa de esterilizaciones y castraciones. Muchos veterinarios trabajan gratuitamente para la organización.

También acogen animales maltratados. Los vacunan y buscan una nueva casa para ellos.

La organización siempre está buscando colaboradores y donaciones.

68- La pintura
(etwa Kap. 44)

Übersetzung:

Siempre me ha gustado la pintura artística.

Ya cuando era niño pintaba mucho.

Después visitaba galerías y exposiciones con frecuencia (regularidad).

Me gustaba trabajar con pinturas acuarelas, pero últimamente he empezado con la pintura acrílica.
Me resulta difícil acostumbrarme al material nuevo, pero me gustan las diferentes posibilidades (oder posibilidades diferentes) que ofrece.
Nunca me han gustado pintar con pinturas de óleo, porque entonces hay que trabajar también con disoluciones y disolventes y odio el olor.

En el futuro (oder: Próximamente) quiero participar en un curso de pintura para mejorar mis habilidades.

69- por/para

Übersetzung:

17. Mañana salgo para Tenerife.
18. Es importante para mí.
19. Por último comprendió el problema.
20. Es para reírse.
21. Cambió la camisa por un jersey.
22. Siempre dormía por la tarde.
23. He paseado por la ciudad.
24. Este dinero era para ti.
25. Falta poco para el fin de año.
26. Lo hago para relajar.
27. Te doy mi número de teléfono, por si acaso.
28. Te lo enviaré por correos.
29. Parece muy joven para su edad.
30. Nos encontramos por casualidad.
31. Por falta de tiempo no podemos terminar la clase.
32. Compraron la casa por poco dinero.

70- Welche Zeit ist die richtige?
(etwa Kap. 39)

Übersetzung:
1. Ana tiene un accidente.
2. Ana acaba de tener un accidente.
3. Esta mañana Ana ha tenido un accidente.
4. La semana pasada Ana tuvo un accidente.
5. Ana tenía varios accidentes.
6. Ana había tenido un accidente, cuando Pedro la vio.
7. Christine y Monika están hablando por teléfono.
8. Christine y Monika acaban de hablar por teléfono.
9. Christine y Monika ayer hablaron por teléfono.
10. Christine y Monika cada día hablaban por teléfono.
11. Christine acabó de hablar oder había hablado) por teléfono con Monika cuando el teléfono sonó otra vez.
12. Christine estaba hablando por teléfono con Monika cuando se produjó el accidente. (oder: cuando el accidente ocurrió).

13. Antonio acaba de terminar el trabajo.
14. Antonio trabaja hasta la tarde (noche).
15. Antonio siempre trabajaba hasta la tarde (noche).
16. Esta semana Antonio ha trabajado hasta la tarde.
17. La semana pasada Antonio trabajó hasta mediodía.
18. Antonio estaba trabajando cuando el jefe entró.
19. Monika iba tres veces a la semana al gimnasio.
20. Monika acaba de entrar en el gimnasio.
21. Mientras buscábamos a Monika, ella estaba en el gimnasio.
22. Mientras Monika estaba en el gimnasio, empezó a llover.
23. El lunes Monika fue al gimnasio.
24. Los lunes Monika iba al gimnasio.
25. Monika nunca ha estado en el gimnasio.

71- Konstruktionen, die häufig Schwierigkeiten verursachen:

(etwa Kap. 39)

Übersetzung:

1. Se puso los zapatos.
2. Se quitó los zapatos.
3. Ahora me pongo nervioso (-a).
4. Ayer me mojé. Creo que voy a ponerme enfermo (-a).
5. ¿Qué pone en el letrero?
6. Ana se puso elegante.
7. Julio se puso rojo.
8. Ana se ha convertido en una chica muy guapa.
9. Parece ser otra.
10. Se parece mucho a su madre.
11. La comida tenía buen aspecto.
12. No sabía qué hacer.
13. ¿Cómo voy a saberlo (yo)?
14. Lo dejamos para otro día.
15. ¡Déja de molestar!

72- Welche Vergangenheit ist die richtige?
(etwa Kap. 35)

Übersetzung:

1. Gastamos más dinero que habíamos ganado.
2. Christine y Antonio miraron todas las películas qué habían alquilado (prestado).
3. Comieron todas las uvas que habían recogido.
4. Llegaron más visitantes que habían esperado.
5. Mientras saludaban los visitantes llegaron aún más.
6. Empezó a llover, igual que lo habíamos esperado.
7. Christine llegó cuando tomábamos té.
8. Christine llegó cuando habíamos tomado té.
9. Hablábamos del tema cuando el teléfono sonó.
10. Cuando el teléfono sonó, ya habíamos hablado del tema.

73- Behördenvokabular:
(etwa Kap. 40)

Was heisst denn...

1. ausstellen — expedir
2. beantragen — solicitar
3. Vertrag — el contrato
4. Belastung — el gravamen
5. Verfahren — el procedimiento
6. angeben — indicar
7. bestätigen — verificar/certificar
8. Geldstrafe — la multa
9. Schaden — el daño
10. Skizze — el croquis
11. Führerschein — el carnet de conducir/permiso de conducir

12. Last — la carga

13. Nummernschild — la matrícula

14. anrechenbar — imputable

15. impedir — verhindern

16. Duplikat — el duplicado

17. Unterschrift — la firma

18. ausführen — exponer

19. anhaftend — inherente

20. Übertragung — la transferencia

21. Papiere — la documentación

22. Gebühr — la tasa

23. Käufer — adquirente/comprador

24. Verkäufer — vendedor/transmitente

25. (auf) lösen — resolver

74- Personalpronomen:

(etwa Kap. 35)

Ubersetzung:
1. Se lo dije ayer.
2. (Ella) me lo dijo la semana pasada.
3. ¡Dímelo!
4. Nos lo dijeron.
5. Se lo dirán/ Se lo van a decir/ Van a decírselo.
6. Siempre me lo decía.
7. ¿Nos lo dirán?/ ¿Van a decírnoslo?/ ¿Nos lo van a decir?
8. Nos lo avisaron.
9. Se lo avisé.
10. Nos lo avisarán./Van a avisárnoslo./Nos lo van a avisar.
11. ¿Os lo avisó?
12. Nos lo avisó.
13. Se lo dimos..
14. Nos lo dió.
15. (Ella) se lo dió.
16. Te lo di.
17. ¿Me lo diste?
18. Te lo dará./ Va a dártelo./ Te lo va a dar.

75- gustar

(etwa Kap. 37)

Übersetzung:

Antes iba muchas veces a Austria para esquiar. Me gustaba el paisaje y me gustaba la nieve.

Me gustaba el aire puro y la naturaleza.

Pero últimamente todo ha cambiado mucho.

Ahora hay demasiado turistas y hay que esperar mucho tiempo en los teleesquies.

Todo se ha vuelto muy comercial.

 (oder:Todo se ha comercializado mucho)

Por eso ya no me gusta.

76- hace, desde hace...

(etwa Kap. 33)

Übersetzung:

1. Se conocieron hace mucho tiempo.(auch: Hace mucho tiempo que se conocieron)

2. Carmen y Antonio se conocían desde su infancia.

3. Monika iba al gimnasio desde hace muchos años.

4. Antes del almuerzo tuvo un accidente.

5. Lo supe hace muchos años.

6. Lo sabía desde hace mucho tiempo.

7. Lo supe antes del fin de semana.

8. Antes sabía todos los números de teléfono de la memoria.

77- mismo, misma, lo mismo
(etwa Kap. 29)

Übersetzung:

1. Siempre es lo mismo...

2. Christine siempre compraba la misma marca.

3. Antonio tenía el mismo coche como José.

4. Los dos coches tenían los mismos motores y el mismo color.

5. Lo hice por mi mismo/-a.

6. (Yo) quería lo mismo.

7. Christine siempre tenía los mismos problemas.

8. Antonio dijo lo mismo.

9. Me da lo mismo.

78- La navidad

(etwa Kap. 38)

Erzählen Sie in der Ich-Form, wie Sie das letzte Weihnachtsfest vorbereitet haben.

1. Compré un árbol.
2. Decoré el árbol.
3. Busqué regalos.
4. Envolví muchos regalos.
5. Invité a la familia.
6. Visité a unos amigos.
7. Confeccion´galletas.
8. Preparé la comida.
9. Fui a la iglesia.
10. Encendí el árbol.
11. Llamé a los bomberos.

79- Werkzeuge und Personalpronomen
(etwa Kap. 40)

Bilden Sie Sätze wie im Beispiel:

Bsp.: la cinta
Necesito la cinta. Dámela.
Espera, te la busco.

1. Necesito el taladro. Dámelo. Espera, te lo busco.
2. Necesito el martillo. Dámelo. Espera, te lo busco.
3. Necesito tornillos. Dámelos. Espera, te los busco.
4. Necesito el destornillador. Dámelo. Espera, te lo busco.
5. Necesito clavos. Dámelos. Espera, te los busco.
6. Necesito las tenazas. Dámelas. Espera, te las busco.
7. Necesito la sierra. Dámela. Espera, te la busco.

80- Superlativform (-ísimos)

(etwa Kap. 43)

Bilden Sie Formen wie im Beispiel:

Bsp.:   ¿Estás segura? →¡Segurísima!

Es caro→ ¡Carísimo!

Es bueno→ ¡Buenísimo!

Es alto→ ¡Altísimo!

Es pequeño→ ¡Pequeñísimo!

Es malo→¡Malísimo!

Es guapa→ ¡Guapísima!

Es estrecho →¡Estrechísimo!

Es interesante → ¡Interesantísimo!

¿Está interesado? → ¡Interesadísimo!

Es rápida → ¡Rapidísima!

81- Personalpronomen
(etwa Kap. 40)

Behandeln Sie nach dem folgenden Beispiel:

Bsp.: decir lo- Monika
→ ¿Quién te lo dijo?
Me lo dijo Monika

1. ¿Quién te las dio? Me las dio Ana
2. ¿Quién te los entregó? Me los entregó Antonio.
3. ¿Quién te la contó? Me la contó José.
4. ¿Quién te los prestó? Me los prestó Ana.
5. ¿Quién te lo limpió? Me lo limpió Ana.
6. ¿Quién te lo explicó? Me lo explicó Monika.
7. ¿Quién te tradujo el artículo? Me lo tradujo Christine.
8. ¿Quién te las presentó? Me las presentó Antonio.

82- quedar(se)

(etwa Kap. 35)

Übersetzung:

1. ¿En qué habéis quedado?
2. Me quedan cinco minutos.
3. Me quedo con estos zapatos.
4. Hemos quedado en sábado.
5. Me quedé todo el día en la cama.
6. Me quedo tres semanas en La Palma.
7. Ha quedado muy bonito.
8. No queda pan.
9. Me quedan 50€.
10. Cuanto tiempo me quedo depende de como se desarrollan las cosas.
11. Quiero quedarme con la casa.
12. No queda más/otra solución.
13. No nos queda otra posibilidad.
14. Me gusta tu pañuelo. ¡Quédate con él!
15. No necesito bolsa.¡Quédate con ella!

Tatort La Palma – die vergnügliche Krimiserie.

Lassen Sie sich an die schönsten und reizvollsten Plätze La Palmas entführen und geniessen Sie Spannung pur!

Internet:

http://tatort-la-palma.jimdo.com/video-trailer/

Bei Amazon und Ihrem Buchhandel erhältlich

Zweisprachige Ausgabe – Edición bilingüe

Geschichten mit bilingualen (zweisprachigen) Übersetzungen bieten Lesern mit verschiedenen Fremdsprachenkenntnissen pures Vergnügen beim lernen.

Im Krimi „El Tesoro de la Virgen" sind die Texte zweisprachig, auf gegenüberliegenden Seiten, für ein mittleres Spanischniveau aufgeführt.

El Tesoro de la Virgen

ISBN: 9-783732-252725